MARCA
DE SANGRE

MARCA
DE SANGRE

Héctor de Mauleón

🌐 Planeta

Diseño de portada: Ramón Navarro

© 2010, Héctor de Mauleón

Derechos reservados

© 2010, Editorial Planeta Mexicana, S.A. de C.V.
Bajo el sello editorial TEMAS DE HOY^{M.R.}
Avenida Presidente Masarik núm. 111, 2o. piso
Colonia Chapultepec Morales
C.P. 11570 México, D.F.
www.editorialplaneta.com.mx

Primera edición: octubre de 2010
ISBN: 978-607-07-0558-8

Impreso en los talleres de Litográfica Ingramex, S.A. de C.V.
Centeno núm. 162, colonia Granjas Esmeralda, México, D.F.
Impreso y hecho en México / *Printed and made in Mexico*

Índice

La ruta de sangre de Beltrán Leyva

L A GUERRA COMENZÓ un lunes: 21 de enero de 2008. Más de trescientos efectivos del Grupo Aeromóvil de Fuerzas Especiales (GAFE) del ejército mexicano tomaron posiciones en los alrededores de una residencia ubicada en la colonia Burócratas, de Culiacán. Según la Secretaría de la Defensa (Sedena), una llamada anónima había indicado que el menor de los hermanos Beltrán Leyva, Alfredo, alias *El Mochomo,* aguardaba en ese domicilio un cargamento de dinero destinado a solventar compromisos pendientes con socios colombianos. En la declaración de un narcotraficante conocido como *El 19,* quien se integró al programa de testigos protegidos bajo la clave "Jennifer" (PGR/SIEDO/UEIDCS/0241/2008), se lee que en realidad el ejército había obtenido la ubicación de *El Mochomo* a través de un militar apodado *El Chamaco,* una especie de *topo* que había logrado infiltrarse en el círculo de seguridad de Alfredo Beltrán Leyva. *"El Chamaco* logró llamar al GAFE para informar sobre la ubicación y las condiciones de baja seguridad" que tenía en ese momento el narcotraficante, relató "Jennifer".

Los militares pospusieron el operativo durante diez horas, porque detectaron gente armada en la azotea de la casa. Cerca de la madrugada, dice el parte oficial, el portón se abrió: apareció una camioneta BMW, de color blanco, con cuatro hombres a bordo. Los soldados de élite le cerraron el paso. Los tripulantes se entregaron sin hacer un solo tiro. Dentro de la casa había novecientos mil dólares, once relojes finos, un AK-47, ocho armas cortas y un hombre corpulento y barbado por el que la DEA ofrecía dos millones de dólares. Un corrido informó al día siguiente:

> El Mochomo *era el hombre de confianza*
> *que el cártel necesitaba*
> *pero el 21 de enero su carrera le cortaban.*

La noticia de la detención de Alfredo Beltrán Leyva, uno de los cabecillas del cártel de Sinaloa, dirigido por Joaquín *El Chapo* Guzmán e Ismael *El Mayo* Zambada, fue presentada como el golpe más importante realizado hasta entonces en la guerra que el gobierno de Felipe Calderón había decretado contra el narcotráfico. En la Procuraduría General de la República (PGR), y concretamente en la Subprocuraduría de Investigación Especializada en Delincuencia Organizada (SIEDO), la captura de *El Mochomo* provocó un terremoto. Aunque nadie lo sabía entonces, la célula que comandaban los hermanos Beltrán —Héctor, Alfredo y Arturo— había vulnerado las estructuras más altas de estas instituciones, a través de pagos mensuales de entre ciento cincuenta y cuatrocientos cincuenta mil dólares. Según demostró luego la llamada Operación Limpieza, funcionarios del mayor nivel de la SIEDO realizaban detenciones, cateos y filtraciones en beneficio del cártel de Sinaloa.

Aquel día, varios servidores públicos pagados por los Beltrán se paseaban nerviosamente en sus oficinas. Habían recibido informes de que *El Mochomo* iba a ser detenido, pero, relató el testigo "Jennifer", "en la SIEDO nada podían hacer para evitarlo". Los funcionarios esperaban que los operadores del cártel los llamaran a cuentas.

Fueron llamados ese mismo día. Uno de los principales lugartenientes del grupo, Sergio Villarreal, *El Grande,* se reunió con el director de Inteligencia de la SIEDO, Fernando Rivera, así como con los comandantes Milton Cilia y Roberto García. Según la declaración que el propio Rivera rindió poco después en calidad de testigo protegido, bajo la clave "Moisés", *El Grande* les dijo que Arturo Beltrán "estaba encabronado": "Quería saber a quién iba a matar. Todos recibían dinero de él y nadie le avisó de la detención de su hermano".

Los funcionarios replicaron que ninguno de ellos había trabajado ese asunto, "que era un asunto del GAFE, del alto mando de la Sedena". *El Grande,* un ex comandante de la Policía Judicial Federal vinculado con los Beltrán Leyva desde 2005, exigió la lista de los militares que habían tomado parte en el operativo, así como los "informes originales" de la detención. El director de Inteligencia de la SIEDO se comprometió a obtenerlos. No sólo eso: de acuerdo con la declaración de "Jennifer", antes de las dos de la tarde el funcionario había entregado los reportes militares, el nombre del *topo* que había proporcionado la información a los *GAFES,* las copias completas de las declaraciones que *El Mochomo* había rendido ante la SIEDO… y un croquis que señalaba el sitio exacto donde el capo se hallaba recluido.

El director Rivera informó que "de las once de la noche en adelante ya no iban a estar presentes las fuerzas especiales del ejército, y que sólo quedarían custodiando el inmueble once agentes de la Agencia Federal de Investigaciones [AFI]". Le dijo a *El Grande* que "con la entrega de un millón de pesos para los *AFIS,* así como de tres millones para él y su gente, se lograría neutralizar al conjunto de guardia y permitir que una camioneta blindada rompiera la reja de acceso a la SIEDO".

El Grande —relata la averiguación previa SIEDO/UET/6668/2008— calculó que podría reunir a unas ciento cincuenta personas para emprender el asalto. Sin embargo, al sopesar los riesgos, decidió cancelar la operación. Alfredo Beltrán fue recluido en el penal de Puente Grande.

La captura de *El Mochomo* provocó la escisión mayor en la historia del cártel de Sinaloa. Existe la versión de que el líder del grupo, Joaquín *El Chapo* Guzmán, negoció esa captura a cambio de la liberación de su hijo, Archibaldo Guzmán, alias *El Chapito,* quien se hallaba recluido en el penal del Altiplano desde 2005: a sólo tres meses de la caída de *El Mochomo, El Chapito* fue liberado. El juez Jesús Luna Altamirano sostuvo ante los medios: "Yo no sé de dónde sacaron que *El Chapo* es líder del cártel de Sinaloa… Yo no advierto que *El Chapo* Guzmán se dedique a ser narcotraficante y que los recursos que él se allega por actividades ilícitas se los haya allegado a su hijo".

Otra versión señala que Arturo Beltrán se entrevistó con *El Chapo* y *El Mayo* Zambada para pedirles que le ayudaran a rescatar a su hermano. Los jefes del cártel le pidieron tiempo, pero en una segunda reunión le explicaron que "no había condiciones" para efectuar el rescate. *El Mochomo* debía ser "sacrificado".

Se cree que en el narcotráfico las alianzas de sangre son indestructibles. *El Mochomo* estaba casado con una prima de *El Chapo*. *El Chapo* y los Beltrán eran primos lejanos. Arturo Beltrán salió de aquella reunión con la idea de que la alianza de sangre se había roto para siempre. A partir de ahora iba a cobrar muerte por muerte, detención por detención. *El Chapo* y *El Mayo* lo supieron. Quisieron adelantarse.

A fines de abril de 2008, el mismo mes en que *El Chapito* fue liberado, ocurrió una balacera en la colonia Guadalupe, de Culiacán. Una casa, en la que se hallaba uno de los hijos de Arturo Beltrán, fue atacada por elementos de la policía federal, apoyados por policías locales. En el tiro-

teo murieron cinco narcotraficantes y dos agentes ministeriales. Beltrán Leyva acusó a los federales de servir de brazo armado a los intereses de *El Chapo* y ordenó a su gente asesinar policías donde los encontraran. Hizo colocar
narcomantas en las que podía leerse: "Policías, soldados,
para que les quede claro, *El Mochomo* sigue pesando. Atte.
Arturo Beltrán Leyva". Y también: "Soldaditos de plomo,
federales de paja, aquí el territorio es de Arturo Beltrán".

Un día después del tiroteo en la colonia Guadalupe,
cuatro agentes de la Policía Federal Preventiva (PFP) fueron acribillados mientras patrullaban el centro de Culiacán. En Imala, dos policías municipales fueron ejecutados.
A lo largo de la ciudad se verificaron ataques contra policías locales. La PFP concentró ochocientos agentes en la
plaza de Sinaloa.

De ese modo terminó abril, el mes en que se soltaron
los demonios. De ese modo comenzó el enfrentamiento
que a lo largo de 2008 dejó en la entidad un saldo de mil
ciento cincuenta y seis ejecuciones.

LA INFILTRACIÓN

El 7 de mayo de 2008, un retén de la policía federal fue
instalado en el kilómetro 95 de la Autopista del Sol. Los
federales acababan de recibir información filtrada por *El
Mayo* Zambada: un convoy en el que viajaba Arturo Beltrán Leyva iba a cruzar en cualquier momento por aquel

sitio. El encargado de coordinar la captura del capo fue el director regional de la PFP, Édgar Eusebio Millán. El dato proporcionado por Zambada resultó exacto: cinco vehículos sospechosos salieron del Hotel Motel Rosales, donde Arturo Beltrán acababa de sostener una reunión de trabajo. Los agentes les marcaron el alto. Los integrantes del convoy respondieron a tiros. Inició una persecución que terminó en Xoxocotla, con varios autos destrozados, la captura de nueve sicarios y dos agentes federales muertos. La camioneta en que viajaba Beltrán Leyva logró evadir el cerco: uno de sus escoltas impactó una patrulla para abrirle paso.

El Mayo Zambada había contemplado esa posibilidad. Los datos que filtró a la PFP indicaban los domicilios del estado de Morelos en los que Beltrán podría refugiarse. El inspector de operaciones Édgar Enrique Bayardo, funcionario que había recibido la filtración —y que operaba como contacto de *El Mayo* en la PFP—, se comunicó con el jefe antidrogas de la corporación, Gerardo Garay, y le dijo: "Tenemos ubicados varios domicilios aquí en Morelos. Estamos concentrados y listos para entrar".

El jefe antidrogas lo detuvo en seco: "Paren todo. Regresen de inmediato a la ciudad de México".

Cinco meses antes, a través de una supuesta intercepción telefónica, el director de Combate a la Delincuencia Organizada de la PFP, Roberto Velasco, había ubicado a Arturo Beltrán en una mansión de la calle Escarcha, en el Pedregal.

Velasco le comunicó al jefe antidrogas: "La gente está colocada en puntos estratégicos". Pidió luz verde para poner en marcha la detención.

Pero Garay se negó a dar la orden: "Aguanten. Vamos a esperarnos para más adelante".

De acuerdo con la declaración ministerial del agente de la División Antidrogas Fidel Hernández (PGR/SIEDO/UEIDCS/359/2008), la orden que detenía de golpe el operativo del Pedregal resultó inexplicable para los agentes federales: "Pero, jefe, tengo evidencia de que Arturo Beltrán se encuentra aquí", había dicho Velasco. Garay insistió: "Desmonten el servicio".

Ahora, cinco meses después, de nuevo sin explicaciones, el jefe antidrogas volvía a suspender un operativo. "Regresen de inmediato a la ciudad de México."

El director regional de la PFP, Édgar Millán, el hombre que quiso dar caza a Arturo Beltrán en el camino de Xoxocotla, fue ejecutado horas después de la persecución, cuando llegaba a casa de sus padres en un edificio ubicado en la calle de Camelia, en la colonia Guerrero. Aunque sólo un puñado de personas tenía acceso a sus itinerarios, una filtración surgida de las mismas filas de la PFP, a través del agente José Antonio Montes Garfias, puso en manos de Beltrán la ubicación del sitio al que el jefe policiaco iba a dirigirse. La orden fue fulminante: Millán debía ser eliminado.

El agente Montes Garfias, se supo después, abrió el casillero del funcionario y sustrajo las llaves de la casa donde vivían sus padres. Entregó un duplicado —además de cuarenta mil pesos y setenta y cinco gramos de cocaína— a un gatillero de poca monta, Alejandro Ramírez Báez, quien integró un comando formado por cinco asesinos de Tepito. Los sicarios aguardaron a Millán en el garaje del edificio. Habían apagado las luces. Cuando el jefe policiaco cruzó el portón, le metieron once tiros. (El sicario Ramírez Báez fue sometido por los escoltas de Millán. De ese modo se reveló el hilo negro de la trama.)

Una semana antes, Roberto Velasco, el hombre que tendió el cerco de la calle Escarcha, había sido asesinado a las puertas de su casa en la colonia Irrigación. La verdadera venganza de Arturo Beltrán llegó, sin embargo, veinticuatro horas después de la balacera en Xoxocotla. Sucedió del otro lado del país, el 8 de mayo de 2008, la noche en que cinco camionetas rodearon a Édgar Guzmán, otro de los hijos de *El Chapo,* en el estacionamiento del City Club, un centro comercial de Culiacán, Sinaloa.

En la ejecución se dispararon quinientos tiros y se accionó un lanzagranadas. Las ráfagas destrozaron paredes, vidrios, vehículos. Además del hijo de *El Chapo,* fueron abatidos un sobrino del narcotraficante, César Loera, así como el hijo de una lavadora de dinero a la que la DEA había bautizado como *La Emperatriz.*

En Culiacán se desató la sicosis. Los medios locales no se animaron a dar la noticia. Sólo lo hicieron dos días después, atribuyendo la información a diarios y agencias informativas de la ciudad de México. La sangre del hijo de

El Chapo seguía húmeda en el suelo, escribe un testigo, cuando corrió la versión de que el jefe del cártel de Sinaloa había jurado borrar de la faz de la tierra a los hermanos Beltrán: de la célula que dirigían no iba a quedar piedra sobre piedra.

En menos de un mes *El Chapo* asimiló dos nuevos golpes. Filtraciones de los servicios de inteligencia de los Beltrán Leyva ocasionaron la detención de uno de sus primos, Alfonso Gutiérrez, tras una cruenta balacera en una colonia de Culiacán, y de uno de sus sobrinos, Isaí Martínez, en las inmediaciones de un lujoso fraccionamiento de la ciudad.

El asesinato del hijo de *El Chapo* formaba parte de la misma embestida que provocó la muerte de los jefes policiacos Millán y Velasco.

Millán, el comandante acribillado en casa de sus padres, había sido el "cerebro" del secretario de Seguridad Pública, Genaro García Luna, en las operaciones antinarcóticos. Su muerte ocasionó un cambio en la estructura de mando de la PFP. García Luna colocó en su lugar, con el cargo de comisionado, a un viejo amigo y compañero del Cisen con el que había colaborado estrechamente a su paso por la AFI: Gerardo Garay, el jefe antidrogas que en dos ocasiones había congelado sin motivo los operativos de captura de Arturo Beltrán Leyva.

Aunque duró sólo unos meses en el cargo, Garay ejerció sus funciones a fondo. El 15 de octubre de 2008, una nueva filtración del grupo de *El Mayo,* colocada en manos de su contacto, el inspector Édgar Enrique Bayardo, movilizó a la policía federal. En una lujosa residencia del Desierto de los Leones, en la que había un zoológico privado con panteras, tigres siberianos y leones, iba a celebrarse una narcofiesta a la que asistiría Mauricio Harold Poveda, el principal socio colombiano de los hermanos Beltrán.

En la declaración que rindió cuando se descubrió que *El Mayo* Zambada solía pagarle hasta quinientos mil dólares por cada enemigo capturado, el inspector Bayardo relató la forma en que se llevó a cabo aquel operativo. El comisionado Garay dejó escapar a Harold Poveda, pero detuvo al resto de los invitados. Luego, alineó a treinta prostitutas contra la pared, seleccionó a las cuatro más suculentas, ordenó prender la caldera del *jacuzzi*, pidió cocaína para las muchachas, invitó a uno de sus subalternos a "darse un baño" y cerró la puerta de la sala. "¡Ahora sí comenzó la fiesta!", dijo.

Antes de sumergirse en su pantagruélica celebración privada, el comisionado hizo que sus agentes obtuvieran los domicilios de los colombianos detenidos y fueran a revolverlos en busca de dinero. El narcotraficante Mauricio Fino, *El Gaviota,* se ofreció a entregar quinientos mil dólares que, dijo, tenía guardados en un departamento. El inspector Bayardo fue comisionado para ir a recogerlos. Volvió a la casa del Desierto de los Leones con gruesas fajillas metidas en dos bolsas que tenían estampada la imagen de Winnie Pooh.

Según la declaración PGR/SIEDO/359/2008, cuando

Garay salió del *jacuzzi*, desvelado y con aliento alcohólico, oyó ladrar a un *bull dog* que, estimaron sus agentes, "valía también un chingo de dinero". El funcionario de la PFP solicitó: "Pónganmelo para llevar".

No existen testimonios sobre la forma en que Arturo Beltrán Leyva registró el golpe que *El Mayo* había asestado a sus socios colombianos. Pero cinco días después de la narcofiesta, en la partida de ajedrez que las filtraciones de ambos bandos desataban, elementos de la SIEDO rodearon una casa de seguridad de la colonia Lindavista. En su interior se hallaban pertrechados el hermano menor de *El Mayo,* Jesús *El Rey* Zambada, y un hijo de éste, Jesús Zambada Reyes.

El Rey Zambada comprendió que le quedaba sólo una salida: "Me voy a rifar", dijo a sus escoltas. Los gatilleros empuñaron rifles de asalto y granadas de fragmentación. Abrieron fuego contra los agentes. Mientras las balas cimbraban el inmueble, *El Rey* marcó al Unefón de su contacto, el inspector Bayardo. "Nos estamos agarrando a chingadazos, ahijado", avisó. "Nos agarraron los contra." El inspector respondió: "Voy, padrino, voy". Pero no alcanzó a llegar. Ni a ese domicilio, ni a ninguna parte. El número telefónico al que *El Rey* había marcado, y las declaraciones que luego rindió Jesús Zambada Reyes, hijo del narcotraficante, pusieron fin a la trayectoria oscura de Bayardo. El inspector, que amparado en el cargo fungía como punta de lanza del cártel de Sinaloa en la Secretaría de Seguridad Pública, y simultáneamente operaba como protector de bandas de secuestradores e informante secreto de la DEA, fue detenido cinco días más tarde. Se acogió sin dudarlo al programa de testigos protegidos, lo que hizo que la PGR le retirara los cargos: se le entregó una pensión de cincuenta mil pesos mensuales y se le devolvieron bienes valuados en veintiocho millones de pesos. En declaraciones pobladas de nombres, cifras, detalles, Bayardo implicó en la venta de protección al narcotráfico a los mandos principales de la Secretaría de Seguridad Pública, así como al círculo más cercano del titular de esa dependencia, Genaro García Luna. Sus declaraciones hicieron caer, entre otros funcionarios, al comisionado Gerardo Garay, al jefe de Operaciones Especiales, Francisco Navarro, al director de Análisis Táctico, Jorge Cruz, y al jefe de la Interpol México, Rodolfo de la Guardia.

Como había ocurrido en la SIEDO, eran narcotraficantes los que filtraban informes y ordenaban capturas. Eran narcotraficantes los que tenían mando pleno en la PFP.

El comisionado Garay fue acusado de servir a dos amos: al cártel de los Beltrán y al grupo de *El Mayo* Zambada. Un juez le decretó formal prisión en octubre de 2008.

Antes de ser asesinado un año más tarde en un Starbucks de la colonia del Valle, donde un sujeto con barba de candado le descerrajó dos tiros en la frente, el inspector Bayardo reveló las bases del acuerdo entre narcos y funcionarios. Los funcionarios recibían filtraciones a partir de las cuales realizaban aprehensiones. Permitían que los narcotraficantes interrogaran a los enemigos capturados y luego llamaban a los medios para presentar dichas detenciones "como logros de la PFP". Los narcos entregaban a cambio maletines repletos de dinero: entre veinticinco mil y cuatrocientos cincuenta mil dólares, según el asunto de que se tratara. Las líneas generales de la guerra contra las drogas decretada por el presidente Calderón provenían del trabajo de contrainteligencia que realizaban los cárteles y no del trabajo de inteligencia de los cuerpos de seguridad. Procedían de una guerra desatada entre ellos y de los maletines cargados de dólares que, en línea ascendente, iban pasando de mano en mano.

El megacártel

En 1997, el ex chofer del general José Gutiérrez Rebollo, Juan Galván Lara, mencionó por primera vez a los hermanos Beltrán Leyva. Según el expediente PGR/UEDO/ 226/97, los Beltrán formaban parte "de las once gentes" que trabajaban cerca de Amado Carrillo, *El Señor de los Cielos,* máximo líder del cártel de Juárez. De acuerdo con la información de Galván, tenían bajo su mando la plaza de Mazatlán. *El Señor de los Cielos* se había molestado alguna vez con ellos porque estaban introduciendo droga sin su consentimiento: "Son chingaderas... se va a trabajar cuando yo lo ordene".

A la muerte de Carrillo, un reporte de la DEA señaló que el cártel de Juárez se había reacomodado alrededor de Vicente Carrillo Fuentes, *El Viceroy*, así como de Ismael *El Mayo* Zambada, Juan José Esparragosa Moreno, *El Azul*, y Marcos Arturo Beltrán Leyva, apodado *El Barbas*.

Según el testigo protegido clave "Julio", Arturo Beltrán era primo de *El Chapo*. Fue Beltrán quien inició a su pariente en el negocio de la cocaína. En 1993, cuando *El Chapo* fue recluido en Almoloya, y más tarde enviado a Puente Grande, los Beltrán quedaron a cargo de su estructura. Le enviaban dinero al penal para que pudiera pasar la reclusión a todo lujo —comida, mariachis, prostitutas— y lo apoyaron financieramente en los costosos preparativos de su fuga.

Tras la evasión de Puente Grande, en 2001, *El Chapo* decidió retomar las riendas del negocio. Organizó una cumbre de narcotraficantes en Cuernavaca a la que asistieron unos veinticinco jefes. Guzmán Loera mantenía los mejores contactos en Colombia y relaciones en diversos niveles del gobierno. En la reunión de jefes trazó el futuro: unir a Ismael *El Mayo* Zambada, Ignacio Coronel, Juan José Esparragosa Moreno, Vicente Carrillo Fuentes y Arturo Beltrán Leyva en una Federación que controlara las plazas del país, le arrebatara Nuevo León y Tamaulipas al cártel del Golfo y golpeara a muerte a los peligrosos hermanos Arellano Félix, sus enemigos históricos, hasta despojarlos de uno de los corredores más codiciados por el tráfico de drogas: Tijuana. (Una versión indica que fue *El Chapo* quien filtró la información que permitió, en 2003, la captura de Benjamín Arellano Félix.)

Arturo Beltrán Leyva quedó al frente de la guerra que la nueva Federación se disponía a desatar en el noreste del país. Durante el tiempo en que *El Chapo* permaneció en la cárcel, los Beltrán habían fraguado, con dólares y asesinatos, una de las células más sólidas del cártel. No sólo conocían a fondo la operación del grupo: "habían sido su corazón".

A pesar de que alguna vez el testigo "Julio" consideró a Arturo Beltrán como un hombre ostentoso, *El Barbas* había mantenido un perfil discreto. Faltaba tiempo para que su nombre abandonara las fojas de los expedientes y se instalara, como referencia inevitable, en las primeras planas de los diarios.

El alfil de Arturo Beltrán en la batalla por Tamaulipas y Nuevo León fue un pistolero texano que en los años ochenta se había fogueado en la frontera como robacoches y golpeador: Édgar Valdez Villarreal, *La Barbie*. Un reporte de la PGR lo describió como un hombre extremadamente violento, con gran pericia en el manejo de armas "y capacidad para infundir respeto y temor entre sus subordinados". De acuerdo con el informe, *La Barbie* tenía entonces treinta años de edad, solía vestirse "de manera impecable" y le gustaban las modelos, las actrices y los bares de moda. Estaba destinado a convertirse en uno de los peores asesinos en la historia reciente del crimen organizado.

Beltrán y *La Barbie* armaron un grupo de sicarios conocido como Los Pelones, formado por *maras* centroamericanos cuya marca de fábrica era la decapitación: *La Barbie* iba a inaugurar en el país el descabezamiento, con fines propagandísticos, de militares, policías y gatilleros de grupos rivales.

Del otro lado de la trinchera, el muro de seguridad del líder del cártel del Golfo, Osiel Cárdenas Guillén, se hallaba formado por ex militares de élite, desertores del ejército: los violentos Zetas. Este grupo fue reforzado mediante la importación de *kaibiles*, ex militares guatemaltecos curtidos en la guerra civil. Quedaba claro que aquello iba a ser una carnicería.

La partida comenzó en la esfera institucional. Para abrir camino a la incursión de Los Pelones, Beltrán y *La Barbie* reclutaron policías y agentes ministeriales destacados en la entidad. Un comisionado de la PFP, José Luis Figueroa, reveló que ambos narcotraficantes le habían ofrecido al director del Centro de Mando de la Agencia Federal de Investigación (AFI), Domingo González Díaz, cuatro millones de dólares. El trato: capturar a Osiel Cárdenas Guillén y cambiar al comandante federal asignado en esa zona por una persona que ellos le señalarían. Un subalterno de González Díaz, Francisco Garza Palacios, recibió un millón de dólares a cambio de brindar protección oficial a las actividades del grupo.

Los operadores de *El Chapo* se asociaron también con el empresario Jaime Valdez, un antiguo agente policiaco que fue contratado como reclutador. (La relación con Valdez terminó mal: Arturo Beltrán lo acusó de haber roba-

do cuatrocientos cincuenta kilos de coca y ordenó su ejecución: Valdez fue emboscado. Recibió diez disparos de
AK-47. Aunque logró salvar la vida, quedó parapléjico.)

El noreste se sumergió de pronto en una estela de balaceras, levantones y torturas, y en la frecuente aparición
de cadáveres mutilados. El menú de horrores que en
México decora, desde entonces, la cotidianidad. En 2003,
la batalla por el corredor del Golfo cobró un nuevo giro.
Osiel Cárdenas fue detenido por el ejército mientras ce-
lebraba la fiesta de cumpleaños de su hija. La guerra, según el testigo protegido "Rufino", le había destrozado los
nervios: desconfiaba de sus lugartenientes, consumía cocaína a morir, saltaba de la cama cada media hora, incapaz
de conciliar el sueño. Al amanecer, decretaba la ejecución de miembros del grupo que supuestamente lo habían
traicionado. Sus colaboradores le temían: uno de ellos llegó a considerarlo "un engendro del mal". Fue el mismo
que puso en manos del ejército los datos que permitieron
su captura.

Parecía que la detención de Osiel Cárdenas fortalece-
ría los planes de la Federación; parecía que el trasiego de
drogas iba a quedar en manos de un solo grupo. Pero no
fue así: tras la caída del capo, los Zetas se independizaron
y el grupo de sicarios más violento de cuantos habían
aparecido hasta entonces tomó las riendas del cártel del
Golfo.

En agosto de ese año, el bando sinaloense enfrentó a
sus rivales en una de las calles céntricas de Nuevo Laredo.

El enfrentamiento duró más de una hora. En el lugar se percutieron setecientos casquillos. Doscientos policías municipales fueron suspendidos y llevados a investigación. La primera avanzada sinaloense había fracasado.

La Federación soñada por *El Chapo* se desgajó unos meses más tarde, justo cuando la guerra por la conquista del Golfo alcanzaba una fase crítica. Los capos que integraban la organización consideraron que Vicente Carrillo, *El Viceroy*, jefe del cártel de Juárez, aportaba poco al grupo, "y en cambio le exigía mucho". La gota que derramó el vaso fue una disputa por derechos de piso en la que Rodolfo Carrillo, *El Niño de Oro*, hermano menor de *El Viceroy*, ejecutó personalmente a dos operadores de *El Chapo* que habían movido droga sin su consentimiento.

Todo pudo tener arreglo antes del sábado 11 de septiembre de 2004. Pero *El Chapo* no estuvo dispuesto a perdonar. Pidió a sus socios la cabeza de *El Niño de Oro*.

Aquel 11 de septiembre, Rodolfo Carrillo y su esposa, Giovanna Quevedo, llegaron a las cuatro de la tarde a un Cinépolis de Culiacán. Iban escoltados por el comandante de la policía ministerial Pedro Pérez López, que había sobrevivido —ya— a dos atentados. Cuando la función terminó, la pareja salió al estacionamiento. *El Niño de Oro* se acercó a su auto. Un comando lo rafagueó entonces desde diversos frentes. La policía levantó del piso quinientos cartuchos. El comandante Pérez López cayó herido, pero repelió la agresión y pidió ayuda por radio. En cosa de minutos, efectivos de todas las corporaciones se

lanzaban en persecución de los gatilleros. Los tiros trona-
ron por las calles. Cinco sicarios fueron abatidos, aunque
al parecer, decía una nota, "ya se habían entregado".

La Federación reventó aquel sábado como una granada. Vicente Carrillo organizó un funeral de príncipe para
su hermano (ataúd matrimonial con herrajes de oro, mil
sillas, diez carpas, "el mejor servicio de alimentos" y Los
Plebes de Navolato tocando "El corrido de *El Niño de
Oro*"). Tres semanas más tarde, el 6 de octubre de 2004,
envió el mensaje de respuesta. Miguel Ángel Beltrán Lugo,
El Ceja Güera, miembro connotado del cártel de Sinaloa,
fue ultimado a tiros en el penal de Almoloya. Dos meses
después, en esa misma cárcel de máxima seguridad, un
hermano menor de *El Chapo,* Arturo *El Pollo* Guzmán,
fue ejecutado en el área de locutorios. Las armas que co-
braron la vida de ambos narcotraficantes habían escapado
a todos los controles.

LOS TRES CABALLEROS

A principios de 2005, un reportero sonorense, Alfredo Jiménez Mota, reveló en el periódico *El Imparcial* las operaciones de un grupo de narcotraficantes conocidos como
Los Tres Caballeros: Arturo, Alfredo y Héctor Beltrán. Según la investigación de Jiménez, controlaban el tráfico de
drogas en Sonora, Chihuahua y Sinaloa, y se hallaban
vinculados, a través de compadrazgos y otros lazos fami-

liares, con la banda más poderosa de Sonora, que comandaba Raúl Enríquez Parra, *El Nueve*. El brazo operativo de *Los Tres Caballeros* estaba integrado por dos grupos delictivos, Los Güeros y Los Números. Los narcotraficantes habían heredado la estructura de un viejo amo de la región, Héctor *El Güero* Palma Salazar. Su presencia en la entidad databa de 1998. Disponían de pistas de aterrizaje (una de ellas se llamaba "Fumigaciones Guzmán"), así como de una flotilla de avionetas con las que sobrevolaban la entidad entre las doce de la noche y las cuatro de la mañana. Recibían apoyo institucional "de los tres niveles de gobierno".

La información del reportero Jiménez Mota procedía de un documento clasificado por la Secretaría de Gobernación que llevaba por título: *"Los Tres Caballeros. Narcotráfico"*. El documento señalaba que los Beltrán visitaban por separado la entidad, se alojaban en propiedades a nombre de terceras personas y eran protegidos en sus traslados por un ex comandante de la policía municipal de Cajeme, Carlos Sánchez, quien pertenecía "al primer círculo del director general de la Policía Judicial del Estado, Roberto Tapia Chan".

Los cargamentos de los Beltrán eran escoltados por patrullas de la judicial a lo largo de brechas y terracerías. En varias ocasiones habían logrado huir, a bordo de sus avionetas, de los operativos montados por el ejército.

Jiménez Mota desapareció en abril de 2005, poco tiempo después de publicar su reportaje. Acababa de decirle a una amiga que iba a entrevistarse con una de sus fuentes, "a la que había notado muy nerviosa". Nadie encontró el cuerpo. Sus superiores sabían que preparaba una serie de trabajos que involucraban a gente cercana al gobernador Eduardo Bours en la venta de protección a los Beltrán.

A la desaparición del reportero le siguió la muerte del narcotraficante Raúl Enríquez Parra, *El Nueve*. Lo hallaron en un predio, envuelto en una cobija. Sus verdugos lo habían torturado a rabiar. Luego, arrojaron su cadáver desde una avioneta. Según la declaración del teniente de la policía municipal Jesús Francisco Ayala, las muertes del reportero y el narcotraficante estaban conectadas.

El periodista de *El Imparcial*, dijo el teniente, esperaba una grabación telefónica que ubicaba a Ricardo Bours, ex alcalde de Cajeme y hermano del gobernador del estado, como contacto institucional de los Beltrán Leyva en Sonora. El oficial señaló al procurador del estado, Abel Murrieta, al jefe de la policía estatal, Roberto Tapia Chan, al director de la Policía de Navojoa, Luis Gastélum, como autores intelectuales del secuestro. El levantón se habría realizado por órdenes de este último. Un grupo de policías municipales detuvo al reportero y lo entregó a Los Números. Según el teniente Ayala, la grabación que aguardaba Jiménez Mota contenía una charla entre el jefe de la policía estatal y el narcotraficante Raúl Enríquez Parra, *El Nueve,* en la que el hermano del gobernador era mencionado como protector de la mafia.

Durante cerca de dos años, Jesús Francisco Ayala estuvo comisionado como chofer del jefe policiaco Luis Gastélum. Había presenciado reuniones entre el funcionario y *El Nueve,* en las que se determinó la muerte de diversos personajes. Un día sintió que sabía demasiadas cosas. Que Gastélum no iba a tardar en ir por él. "Había sido testigo de muchos de los encuentros donde se daban órdenes de eliminar gente", le dijo al reportero Ricardo Ravelo. Decidió integrarse al programa de testigos protegidos.

El gobernador Eduardo Bours calificó de dolosa la versión que señalaba a su hermano Ricardo. "No es posible que se le dé importancia y se señalen culpables", dijo.

Cuando Joaquín López-Dóriga dio a conocer el testimonio de dos mujeres secuestradas que habían escuchado una conversación telefónica entre sus plagiarios y el jefe de la policía, Roberto Tapia Chan, el infierno se desató. En sucesivas incursiones federales se incautaron ranchos y casas en los que, además de armas, autos y joyas, aparecieron leones y tigres. Una versión señala que Raúl Enríquez Parra fue acusado por los Beltrán de "calentar" la plaza. Como ellos la querían "fría", ordenaron su ejecución.

En términos formales, el gran debut de *Los Tres Caballeros* en la prensa ocurrió un mes después del asesinato del reportero Jiménez Mota. El periodista de *El Imparcial* se había quedado corto: además de alargar sus tentáculos hacia Sonora, Chihuahua y Sinaloa, los hermanos Beltrán dominaban once estados de la República. El arranque del sexenio de Vicente Fox había significado el inicio de su época dorada. Operaban en Guerrero, Morelos, Chiapas, Querétaro, Sinaloa, Jalisco, Quintana Roo, Tamaulipas, Nuevo León, el Estado de México y el Distrito Federal. Su poder tocaba incluso "la casa número uno de México": habían logrado extender su poder a Los Pinos, a través de un oscuro personaje que coordinaba las giras del presidente: Nahum Acosta Lugo.

EL CONTACTO EN LOS PINOS

En febrero de 2005, la DEA registró una conversación telefónica entre Nahum Acosta y Arturo Beltrán Leyva. Acosta, un personaje de medio pelo en el PAN sonorense, había fungido como delegado del Instituto Nacional de Migración y se había visto envuelto en un escándalo de corrupción a resultas del cual el gobierno de Estados Unidos le retiró la visa. En 2001, sin embargo, el panista Manuel Espino lo recomendó como director de área en la coordinación de giras presidenciales. Cuando la DEA puso en manos de las autoridades mexicanas una grabación telefónica en la que Nahum alternaba créditos con Arturo Beltrán, el procurador Rafael Macedo de la Concha abrió una investigación que no tardó en ser filtrada a la prensa.

Por esos días, la PGR atendió una denuncia anónima que indicaba que en Cerrada de la Loma 17, en el fraccionamiento La Herradura, Estado de México, se había detectado un movimiento de gente armada, y la presencia de los hermanos Arturo y Héctor Beltrán.

Los archivos de la SIEDO revelaron que aquel domicilio se hallaba engarzado con la detención de un narcotraficante en cuya agenda apareció el número de teléfono 52 94 41 11. Aquel número había sido asignado a la casa ubicada en Cerrada de la Loma 17. El contrato estaba a nombre de Clara Laborín, esposa de Héctor Beltrán.

Las autoridades solicitaron una orden y catearon el inmueble. Los Beltrán se habían esfumado. Pero la policía encontró dos millones de pesos en joyas y varias camionetas BMW, entre otros vehículos blindados. Halló también una tarjeta de presentación a nombre de Nahum Acosta, una agenda telefónica en la que este funcionario aparecía bajo la leyenda "Presidencia" y cinco audiocasetes en los que Héctor Beltrán grabó conversaciones con sus lugartenientes. En una de las cintas, Beltrán le pedía a cierto operador que entregara a Nahum cinco mil dólares. En otras grabaciones, Nahum Acosta se mostraba parlanchín y hablaba con Héctor Beltrán de sus actividades, las giras presidenciales, los lugares que había visitado y las enfermedades de sus hijos. Un día le contó que acababa de sobrevolar su casa en helicóptero; otro, lo urgió a que terminara cuanto antes "el negocio de Acapulco".

El guardia de seguridad que cuidaba el fraccionamiento relató que los habitantes de la casa parecían muy ricos, que continuamente entraban y salían hombres armados, y que hacía poco había ido de visita "alguien de la Presidencia de la República, de apellido Nahum", quien se presentó como "del Estado Mayor Presidencial".

Nahum Acosta fue acusado de filtrar información gubernamental de primer nivel al crimen organizado. Según el procurador Macedo de la Concha, las pruebas en su contra eran "serias y contundentes". Se había comprobado que recibió los cinco mil dólares enviados por el capo. Por si faltara más, el número de Beltrán aparecía registrado en su celular.

Acosta se defendió diciendo que desconocía las actividades delictivas de Héctor Beltrán, y que sólo había visitado su casa con intención de rentarla. El subprocurador José Luis Santiago Vasconcelos respondió: "Yo creo que ninguno de los servidores públicos que estamos actualmente desempeñándonos pudiera tener capacidad económica para rentar una de estas casas, con seis niveles y esta riqueza". El sueldo de Nahum era de setenta y nueve mil pesos.

El escándalo colocó a los Beltrán en un rango de visibilidad que no habían tenido nunca antes. Paradójicamente, según Santiago Vasconcelos, sirvió para boicotear la investigación. A pesar de las pruebas "serias y contundentes" del procurador Macedo de la Concha, un juez liberó dos meses después a Nahum Acosta, "por falta de elementos para procesar". Tiempo después, el PRD lanzó al ex coordinador de giras presidenciales como candidato a la alcaldía de Agua Prieta, Sonora. Según el presidente de ese partido, Jesús Ortega, Nahum Acosta era inocente. "Ésa es la verdad legal", dijo.

El narcovideo

En 2005, plenamente identificados como brazo operativo del cártel de Sinaloa, los hermanos Beltrán Leyva habían abierto frentes de batalla en todo el país. Embestían en el corredor del Golfo a *Tony Tormenta,* hermano de Osiel Cárdenas Guillén. Enfrentaban en Tijuana a los Arellano Félix. Disputaban en Chihuahua cada centímetro de territorio al cártel comandado por Vicente Carrillo. Tenían un control absoluto sobre Sinaloa, Sonora, Coahuila y Durango. Su asociación con los líderes de un nuevo grupo, La Familia, les abría desde Michoacán la ruta del Pacífico. En los pliegues del estado de Guerrero fincaron uno de sus principales centros de operación.

Con un millón de dólares, compraron los favores del subdirector operativo de la policía ministerial de Guerrero, Julio López Soto.

"Trabajaban sin problemas", señaló el chofer de este jefe policiaco. Según se demostró después, controlaban también a los principales mandos de la AFI destacados en la zona. Su ala ejecutora, Los Pelones, conformada por trescientos cincuenta pistoleros, se movía con libertad por el estado, ostentando armas de grueso calibre.

Una mañana, el subdirector López Soto fue levantado

por los Zetas. *Tony Tormenta* había enviado a ciento veinte de ellos a disputar la plaza, con un mensaje de su lugarteniente, Gregorio Saucedo, *El Caramuela:* "Que les iba a rajar la madre a todos los pelones y a todos los que tomaron parte en la repartición del millón de dólares que le dieron a Julio, el subdirector, y que reciban un saludo del señor Goyo Sauceda".

El lugarteniente de Arturo Beltrán, Édgar Valdez Villarreal, *La Barbie,* tomó nota del mensaje y decidió devolver el saludo. Lo hizo con la ejecución *prime time* de uno de los Zetas que llegaban de avanzada al territorio.

En mayo de 2005, *La Barbie* detectó a tres ex militares procedentes de Nuevo Laredo. Un comando de hombres vestidos de negro, en cuyos uniformes aparecían las siglas de la AFI, los levantó sin darles tiempo de oponer resistencia. La tortura fue brutal. Aceptaron pertenecer al cártel del Golfo y confesaron que en la bahía de Acapulco los esperaba uno de sus cómplices.

El Zeta que los aguardaba en Acapulco iba a ser la estrella de un narcovideo que estremeció al país. Se llamaba Juan Miguel Vizcarra y había llegado al puerto con ropa de playa, fingiendo pasar, en compañía de su novia, unas vacaciones. Vizcarra acababa de revelarle a su novia los verdaderos motivos de aquel viaje: "Lo que hago es llevarme personas, y estamos aquí en Acapulco buscando gente del otro cártel; estamos buscando a unos tipos que entraron a nuestro territorio y asesinaron a miembros de la familia Zeta. Mi misión es llevarme a los responsables".

Agregó: "Estamos en la boca del lobo, ya que si nos atrapa la policía no nos llevarán a las autoridades, sino con los jefes de la mafia".

El 15 de mayo, el Zeta recibió dos llamadas. Al colgar la primera vez, dijo: "Atraparon a esos idiotas en Zihuatanejo". Al colgar la segunda: "Estamos jodidos, ya atraparon a dos de mi destacamento... Cuando atrapan a uno los atrapan a todos".

Vizcarra y su novia intentaron salir del hotel, perderse en las calles, volver a su estado. En la puerta esperaban varios hombres con uniformes de la AFI.

Esa madrugada —relata el semanario *Proceso*—, un representante del cártel del Golfo intentó comunicarse a la oficina del procurador general de la República. No hubo éxito. El hombre dejó un mensaje: "Los comandantes de las plazas de Acapulco y Zihuatanejo, el día de ayer, detuvieron a cinco Zetas, los cuales fueron entregados a gente de Arturo Beltrán... Si éstos no son puestos a disposición en un término de cuarenta y ocho horas, desataremos una guerra contra estas dos plazas, no importando si hay agentes nuevos o viejos, incluso le levantaremos a la prensa nacional al titular de la AFI".

Pero los Zetas no fueron puestos a disposición, sino entregados a *La Barbie*. A la novia de Vizcarra, que más tarde relató la historia, la dejaron ir: "Olvídese de todo esto y viva su vida. Olvídese de todo lo que vio".

Ese mismo día, los Zetas fueron videograbados con el rostro desfigurado a golpes, mientras respondían mansamente a los cuestionamientos lanzados por un interlocutor invisible. Hacia el final de la grabación, ese interlocutor, *La Barbie,* se acercó a Vizcarra con una escuadra en la mano y le descerrajó un tiro en la sien: "¿Y tú qué, güey?"

El narcovideo desató una investigación federal, puesta en marcha por el subprocurador José Luis Santiago Vasconcelos, en la que resultaron involucrados un subcomandante de la AFI, un jefe regional y una decena de agentes. Los indiciados formaban parte del equipo de confianza del entonces director de la AFI, Genaro García Luna. El video desató, también, un conjunto de ejecuciones en serie. En poco tiempo fueron asesinados un jefe de seguridad del Ayuntamiento y un teniente de corbeta que se había infiltrado entre Los Pelones. En julio de 2005, el ex procurador de Justicia José Robles Catalán murió a tiros mientras desayunaba en el restaurante La Perla. En los tres meses siguientes, veintisiete tamaulipecos fueron levantados en calles del puerto. A cuatro de ellos los enterraron vivos. Balaceras y persecuciones se volvieron moneda corriente en Acapulco: en enero de 2006, Zetas y Pelones se enfrascaron en una refriega que duró treinta minutos. Una tarde apareció un hombre descuartizado. Sus miembros habían sido repartidos en cinco bolsas de plástico. Junto a él, una cartulina: "Ahí está tu gente, aunque te proteja la afi, soldados y otras corporaciones, sigues tú Édgar Valdez Villarrreal (barbie), Arturo Beltrán Leyva, y tú, Lupillo, sigue riéndote que te voy a encontrar. Atentamente, La Sombra".

EL ATENTADO

La investigación abierta por el subprocurador José Luis Santiago Vasconcelos a raíz de la difusión del narcovideo de Acapulco provocó que los operadores de Arturo Beltrán movieran sus piezas dentro de la SIEDO "para calmar las cosas". Pero Vasconcelos seguía siendo una piedra en el zapato. Era él, precisamente, quien había llevado la indagatoria que reveló los nexos de Arturo Beltrán con Los Pinos. Era él quien había manejado el caso del reportero Jiménez Mota, desatando la operación que cubrió de llamas el estado de Sonora.

Con el cambio de administración, Santiago Vasconcelos dejó la subprocuraduría y pasó al área jurídica y de asuntos internacionales de la PGR. El hombre que luego de catorce años en el combate a las drogas conocía como nadie las redes del narcotráfico en México quedó bajo la protección de un puñado de escoltas. Arturo Beltrán decidió que había llegado la hora de ajustar las cuentas.

El 17 de diciembre de 2007, varias camionetas de lujo, una de ellas con placas de Estados Unidos, se instalaron en una calle del sur de la ciudad. Los encargados de un negocio de hamburguesas describieron a los tripulantes como "hombres con facha de guardaespaldas". Varias motos con antenas y equipos de comunicación se acercaron a ellos. De pronto, el grupo se desplazó hacia Fuentes del

Pedregal. Tenía la misión de reconocer el terreno, la ruta que Santiago Vasconcelos cubría diariamente para llegar a su casa. El plan se frustró de manera fortuita. Esa madrugada, alertadas por la presencia sospechosa de las camionetas, quince patrullas de la policía capitalina acordonaron la zona. Cinco sujetos fueron aprehendidos.

No se detuvo la operación. Un desertor del ejército había desarrollado el plan y recomendado las armas necesarias para penetrar el alto blindaje de que estaba dotado el auto del ex subprocurador. Los Beltrán sabían que Santiago Vasconcelos llegaba a su casa a las doce de la noche. Para evitar que el comando llamara la atención, esta vez se utilizaron tres camionetas viejas. El plan consistía en cerrar el paso al convoy del funcionario, formado por cuatro autos, y accionar un lanzagranadas contra su vehículo. El resto del grupo bajaría entonces de las camionetas, vomitando fuego.

José Luis Santiago Vasconcelos no fue detectado: había decidido tomar, a partir de aquel día, unas vacaciones. El nerviosismo de uno de los sicarios llamó la atención de una patrulla, que se acercó para checar el vehículo. Adentro había tres hombres con armas largas y chalecos con las siglas FEDA (Fuerzas Especiales de Arturo), quienes rápidamente fueron sometidos.

Vasconcelos recibió la noticia esa misma noche. El encargado de comunicarle la detención de los sicarios fue su sucesor en el cargo, Noé Ramírez Mandujano, que un año más tarde iba a quedar formalmente preso bajo cargos de cohecho y delincuencia organizada, acusado de recibir pagos de cuatrocientos cincuenta mil dólares a cambio de proteger a los Beltrán.

LA CONEXIÓN MORELOS

22 de octubre de 2008. A las puertas de la Procuraduría de Justicia del Estado de Morelos, tres vehículos aguardan la salida del subprocurador, Andrés Dimitriades Juárez. La orden es ejecutarlo. Dentro de las unidades hay doce hombres, cada uno con un arma larga. El jefe del grupo es un agente de la policía metropolitana llamado Esteban Royaceli. Le dicen *El Royal*. Uno de los participantes en la ejecución —un agente apodado *El Negro*— relató más tarde: "De la procuraduría nos iban a avisar cuando saliera el subprocurador Dimitriades, y como a las diez de la noche nos avisaron que salió en un coche blanco, con dos escoltas. Se inició la persecución por la avenida Zapata".

Dimitriades advirtió que lo iban siguiendo. Ordenó a su chofer que metiera el acelerador a fondo y tomara la carretera México-Cuernavaca, con dirección a Acapulco. Comenzaron a dispararle desde un Megane. Declaró *El Negro:* "Le pegaron un tiro al chofer y se estrelló contra una barda y allí fue cuando todos comenzaron a dispararle a Dimitriades".

El mes anterior habían sido asesinados el director de la policía de Jiutepec, Jorge Alberto Vargas, y su chofer.

Esteban Royaceli les dio un "cerrón" cuando salían de casa del funcionario. Subieron a ambos a una camioneta y los llevaron a una casa de seguridad. "Se le reclamó que, si ya había arreglo, por qué no lo había respetado", contó *El Negro*.

El jefe policiaco acababa de poner a disposición de Dimitriades a un grupo de pistoleros de los Beltrán, a los que había aprehendido en posesión de varias armas de fuego. El hecho de no respetar el "arreglo" le valió ser torturado durante dos horas, antes de que Royaceli decidiera asesinarlo. Su chofer fue ahorcado con un lazo. *El Royal* le cortó el dedo índice de la mano derecha, y se lo metió en la boca, enrollado en un billete de 20 dólares. Los dos cuerpos aparecieron en el camino a Temixco.

Según la investigación PGR/SIEDO/UEIDCS/166/2009, las ejecuciones habían sido ordenadas por Alberto Pineda Villa, *El Borrado,* uno de los principales operadores de Arturo Beltrán Leyva en Morelos. La pesquisa reveló que *El Borrado,* apoyado por su hermano, Mario Pineda Villa, *El MP,* había creado un ejército de gatilleros integrado por asesinos reclutados en las calles y cooptados entre las policías locales.

Pero eso no se supo sino hasta tiempo después, cuando Royaceli y *El Negro* fueron detenidos en el Estado de México en momentos en los que conducían un cargamento de armas.

La ejecución de Dimitriades creó un clima de histeria en la entidad. El secretario de Seguridad Pública de Morelos, Luis Ángel Cabeza de Vaca, recibió críticas por no haber actuado para detener a los asesinos: en el 066 se habían recibido más de ocho llamadas que reportaban la balacera. Cuando la prensa le preguntó si existían datos de la presencia de los hermanos Beltrán en la zona, Cabeza de Vaca respondió: "En caso de existir la presencia del narcotráfico en el estado, la propia PGR realizará las investigaciones necesarias".

Cabeza de Vaca pasaba por alto el reciente asesinato del director operativo de la policía ministerial, Víctor Enrique Payán. Lo habían encontrado en la cajuela de su auto, con tiro de gracia, lastimaduras en el cuello y un mensaje que rezaba: "Así les va a pasar a todos los que anden con Joaquín El Chapo Guzmán, Ismael El Mayo Zambada e Ignacio Nacho Coronel".

La noche del 5 de mayo de 2009, no quedó duda, en todo caso, de la penetración del narcotráfico en el estado. Una indagación de la policía federal culminó en una residencia ubicada a menos de cien metros de la casa de gobierno del mandatario estatal, Marco Antonio Adame. En esa casa se verificaba una fiesta. Alguien había llevado un cerdo. Los invitados freían carnitas. Elementos del grupo Indio recibieron la orden de entrar. Dos helicópteros iluminaron la fachada. Dos camiones de asalto se detuvieron frente al portón. Los federales no hallaron al hombre que buscaban, Alberto Pineda Villa, *El Borrado,* pero detuvieron a sus padres, de setenta y tres y cincuenta y nueve años. Les encontraron seis armas largas y siete cortas.

La abogada Raquenel Villanueva, que alguna vez defendió a Jaime Gamaliel Valdez, hermano de *La Barbie,* fue contratada para defender a los padres de *El Borrado* (sería masacrada en Nuevo León el 9 de agosto de 2009). En los días que siguieron, aparecieron diez narcomantas dirigidas a Felipe Calderón, con amenazas para Genaro García Luna. Una de ellas decía: "Felipe Calderón estamos conscientes de nuestros actos, pero en total desacuerdo en que involucren a padres, hermanos y demás familiares; es una regla mundial que ha existido en todos los tiempos (la familia se respeta)".

Las declaraciones que rindieron *El Negro* y *El Royal* tras su aprehensión en el Estado de México provocaron la captura del comandante de la policía ministerial, Salvador Pintado, con once gramos de cocaína encima y armamento de uso reservado para el ejército. Lo habían señalado como encargado de negociar con el gobierno de Adame un conjunto de puestos clave para la organización Beltrán.

La detención de los padres de *El Borrado,* la captura de Pintado y las declaraciones de los asesinos del subprocurador Dimitriades formaron un coctel altamente explosivo. El primero en sufrir los efectos fue el secretario de Seguridad Pública del estado, Luis Ángel Cabeza de Vaca (el mismo que dudaba de la existencia del narcotráfico en Morelos). *El Negro* y *El Royal* lo señalaron como protector del cártel de los Beltrán. Cuando fue detenido por el ejército, su esposa publicó un desplegado en el que afirmaba que el funcionario "únicamente recibió órdenes" del gobernador Adame. Un juez le decretó formal prisión por el delito de colaboración en delincuencia organizada.

El segundo en caer fue el secretario de Seguridad Pública de Cuernavaca, Francisco Sánchez Gónzalez. El tercero, el procurador de Justicia del estado, Francisco Coronado. La ola expansiva corrió incontenible. El 10 de mayo, militares detuvieron en Yautepec a treinta y cuatro policías municipales, así como al secretario de Seguridad Pública local.

Dentro de la estructura de los Beltrán, *El Borrado* tenía la tarea de recibir información filtrada por la SIEDO. Un agente de la AFI, Francisco Javier Jiménez, *El Pinocho,* era el contacto que lo enlazaba con el coordinador técnico de esa corporación, Miguel Colorado González (otro de los funcionarios detenidos durante la Operación Limpieza). Según la averiguación 0241/2008, *El Borrado* se ocupó también de "enganchar" al subprocurador Noé Ramírez Mandujano, quien fue llevado a proceso en Nayarit. El nivel de *El Borrado* en el cártel era semejante al de Sergio Villarreal, *El Grande.* La detención de sus padres lo puso fuera de sí.

Información manejada por *Proceso* señala que en octubre de 2008 el secretario de Seguridad Pública Genaro García Luna fue interceptado en la carretera de Tepoztlán por un número indeterminado de pistoleros que viajaban en vehículos blindados. Según el semanario, García Luna habría recibido el siguiente mensaje: "Éste es el primero y último aviso para que sepas que sí podemos llegar a ti si no cumples con lo pactado".

La DEA circuló la versión de que *El Borrado,* desesperado por la prisión de sus padres, le pidió a Arturo Beltrán Leyva la ejecución del secretario García Luna. No hay reporte de la respuesta del capo, pero sí indicios de que, ante una plaza que hervía como un caldero burbujeante de sangre, decidió emprender su propia operación limpieza dentro del cártel. El 12 de septiembre de 2009, el cadáver de Mario Pineda Villa, *El MP,* hermano de *El Borrado,* apareció en la Autopista del Sol, a la altura de Huitzilac, con una manta que decía: "Así terminan los traidores y los secuestradores. Aquí está el MP". Firmaba: "El Jefe de Jefes".

Días después, el cuerpo del propio *Borrado* apareció calcinado dentro de un auto en Jantetelco. En poco más de un mes se registraron veinticinco ejecuciones. Todas ellas acompañadas con mantas, cartulinas, mensajes: "Esto les pasa a los secuestradores, le pido a toda la ciudadanía no lo tomen a mal, es por el bien de todos, atentamente El Jefe de Jefes".

Junto a dos cuerpos torturados se encontró en Moyotepec este narcomensaje: "Comando: Rafael Deita López (alias lágrimas) robo a mano armada, Maximinio lopez por robo a casa habitación y robo de cobre de luz y fuerza y Telmex, tú sabes que esta plaza siempre ha sido mía nos equivocamos al poner un par de traidores y cobardes como el mp y el borrado de los cuales tú aprendiste las mañas, no seas cobarde… mi gente y yo estamos listos para pelear con quien sea, no me importa que te apoye el chapo, mago, nacho coronel, lobo valencia y los michoacanos, no vamos a permitir secuestros ni extorsiones deja de amenazar familias. Atte. Jefe de jefes".

Ése fue el mes en que los cadáveres de Héctor *El Negro* Saldaña y tres acompañantes fueron hallados en una camioneta en la delegación Miguel Hidalgo, al poniente de la ciudad de México, con un mensaje firmado por *El Jefe de Jefes:* "Por secuestradores. Job 38:15". (Job 38:15: "Entonces la luz fue quitada a los impíos".)

Y ése fue el mes en que el alcalde de San Pedro Garza, Nuevo León, Mauricio Fernández, que medio año atrás había sido grabado al momento de afirmar que tenía un acuerdo con los Beltrán Leyva para detener los secuestros en el municipio, anunció la muerte de *El Negro* Saldaña cuatro horas antes de que la policía se enterara del asesinato.

Saldaña era un narcotraficante ligado a los Beltrán. Tras la detención de Héctor Huerta, *La Burra,* operador de éstos en Nuevo León, se apoderó de la plaza de San Pedro y comenzó el secuestro de personajes de la cúpula empresarial. Exigía rescates de hasta cinco millones de pesos y llegó a realizar hasta tres secuestros por semana.

Grabado durante una reunión de empresarios, el alcalde Fernández había admitido que eran los Beltrán, y no la policía, quienes evitaron que San Pedro Garza se deteriorara: sus familias vivían ahí; antes que traficar con drogas, dijo, les interesaba la seguridad de sus familiares: "O sea, o montamos todo este aparato de seguridad, que ellos tampoco están en contra porque es para sus propias familias también... No se cómo decirte, o sea, lo que yo voy a tratar de hacer, hasta ahora me estoy dando cuenta de que no está tan complicado como yo imaginé, porque los propios Beltrán Leyva están de acuerdo... Está más arreglado de lo que te puedas imaginar, si entramos rápido".

La nueva estrategia de Arturo Beltrán ¿consistía en pacificar los territorios donde operaba a cambio de que las autoridades lo dejaran traficar? Algunos analistas creyeron advertir que *El Barbas* dirigía toda clase de guiños al gobierno federal.

Desde su ruptura con *El Chapo* había vuelto a aliarse con Vicente Carrillo, pactó con los sucesores de Cárdenas Guillén en el Golfo y trabó relaciones con células derivadas del cártel de los Arellano Félix. No sólo controlaba la frontera norte, sino también el corredor del Pacífico. Según el periodista Jorge Fernández Menéndez, mientras *El Chapo* tenía los mejores contactos y la capacidad para traer grandes cargamentos de droga a México, Beltrán sellaba la frontera y una buena parte del litoral.

El enfrentamiento entre ambos capos explicaba la violencia en la que el país estaba sumergido. No era una lucha —dice Fernández Menéndez— por el control del territorio, sino por la supervivencia de sus cárteles.

En los peores días de la refriega con su antiguo aliado, Beltrán había hecho colocar esta narcomanta: "Con todo respeto a su investidura Sr. Presidente le pedimos que abra los ojos y se dé cuenta de la clase de personas que tiene en la PFP nosotros sabemos que usted no tiene conocimiento de los arreglos que tiene Genaro García Luna desde el sexenio de Fox con el cártel de Sinaloa que protege al Mayo Zambada, a Los Valencia, Nacho Coronel y Chapo Guzmán… Pedimos que pongan a personas que combatan al narco de forma neutral y no incline la balanza a un solo lado".

Sabía que estaba en marcha la cacería que terminó en la torre Elbus del fraccionamiento Altitude el 16 de diciembre de 2009.

LA BATALLA DE CUERNAVACA

Ésta es la leyenda que ha quedado impresa en periódicos, revistas y declaraciones ministeriales. El sábado 5 de diciembre, Arturo Beltrán Leyva fue padrino de un bautizo en Puebla. Permaneció en la entidad hasta el jueves 10, en que decidió volver al sitio donde residía: el estado de Morelos. Su convoy era tan aparatoso que llamó la atención de la policía ministerial. Vino una persecución, sobrevino un tiroteo. La gente que caminaba por el boulevar Forjadores se tiró al piso. Dos judiciales quedaron heridos y un policía municipal murió. Beltrán tuvo que dejar atrás a cinco de sus gatilleros y también once vehículos. Escapó por un pelo a bordo de un helicóptero que despegó del

Hotel Villa Florida. Según el director operativo de la DEA, Anthony Placido, iba herido. El contralmirante José Luis Vergara, vocero de la Secretaría de Marina, dijo que no: la noche siguiente reapareció en una posada celebrada en el fraccionamiento Los Limoneros, a las afueras de Tepoztlán. El lugarteniente Manuel Briones, ex agente de la policía metropolitana que se integró al cártel como sucesor de *El Borrado,* se encargó de la seguridad de aquella fiesta. Aunque cinco de sus hombres habían sido detenidos en Puebla, Beltrán Leyva se rehusó a cancelar el narcofestejo: según la declaración de uno de los asistentes a la posada, apareció sentado en un sillón "que le habían colocado como un trono". Traía al cuello un crucifijo de oro y un collar de santería. A su lado había un AK-47 bañado de oro. Lo escoltaban Édgar Valdez Villarreal, *La Barbie,* y Sergio Villarreal, *El Grande.* Había tacos de carne asada y cerveza helada. También, whisky y tequila.

Los invitados consumían cocaína y escuchaban en vivo a Los Cadetes de Linares y a Ramón Ayala y sus Bravos del Norte. Veinticuatro prostitutas fueron traídas de Acapulco. Beltrán Leyva las saludó de beso, comenzó a manosearlas, les ordenó que se quitaran la ropa. Luego les lanzó un manojo de billetes de a cien dólares que ellas recogieron a gatas. Según una versión que meses después circuló en la prensa, "el señor empezó a bailar con todas las mujeres a las cuales iba desnudando poco a poco, aventando dinero al aire". Beltrán Leyva se hallaba tambaleante: el sillón lo salvó en dos ocasiones de caer el piso.

Los sicarios que Beltrán abandonó en Puebla fueron llevados en avión a las instalaciones de la SIEDO. Ahí entregaron información clave: nombres, domicilios, rutinas. Una versión señala que el capo había sido detectado por la DEA desde que visitó a un cirujano plástico en el Hospital Ángeles de Puebla. En todo caso, el cruce de datos entregó su ubicación. Horas antes del inicio de la narcoposada, en una reunión del gabinete de seguridad, se decidió entregar la información al almirante José Luis Figueroa. Desde la Presidencia de la República salió la orden de que el operativo corriera a cargo de la Secretaría de Marina.

Alrededor de las dos de la mañana, cuando la música alcanzaba su mayor intensidad, la operación comenzó. Los marinos irrumpieron en Los Limoneros. Vecinos reportaron que la balacera duró dos horas. Una de las prostitutas declaró que *La Barbie* le dijo: "Vámonos, vámonos, jefe, ya nos cayeron".

La Barbie y *El Grande* rodearon al capo. Uno lo tomó del brazo y otro lo abrazó por la espalda. Beltrán volvió a dejar a su gente atrás: huyó en un vehículo Toyota, posiblemente en compañía de *La Barbie*. Briones, el encargado de su seguridad, bajó por una barranca y se escondió en la maleza un día entero. Municipales de Cuernavaca y agentes de la SIEDO aparecieron en el fraccionamiento cuando el tiroteo llegaba al clímax, pero se retiraron sin tomar parte en la operación. La Armada aseguró a cuarenta personas, once de las cuales eran sicarios. El resto, músicos y sexoservidoras. En la casa fueron hallados doscientos ochenta mil dólares, veinte armas, mil setecientas municiones. Hubo tres muertos (entre ellos, una vecina del fraccionamiento). El vehículo en el que supuestamente escaparon los capos se localizó en Cuernavaca. Tenía huellas de sangre en la manija de la puerta izquierda y en el asiento delantero. Una versión señala que Beltrán volvió a ser detectado por la DEA tras recibir atención médica en un nosocomio de la capital morelense. Había dejado como domicilio el departamento que ocupaba en el condominio Altitude.

El 16 de diciembre, los miembros del gabinete de seguridad fueron informados con sólo veinte minutos de anticipación de que la Armada iba a iniciar en Cuernavaca el operativo de captura de Arturo Beltrán Leyva. Se pidió al responsable de la 24 Zona Militar, el general Leopoldo Díaz, que cubriera el perímetro.

De acuerdo con documentos consultados por el reportero Ricardo Ravelo, un cocinero declaró que Beltrán Leyva comería aquella tarde con el general Leopoldo Díaz. Declaró también que el capo estaba en compañía de *La Barbie,* pero que éste desapareció antes de que comenzaran las acciones. El día de su detención, en agosto de 2010, *La Barbie* confesó que Beltrán le había llamado para pedirle auxilio. "Le recomendé que se entregara", relató el jefe de sicarios ante autoridades de la Secretaría de Seguridad Pública.

Aquella tarde de diciembre, Arturo Beltrán había sido

informado por su círculo de seguridad, Los Zafiros, sobre movimientos extraños en la calle. De acuerdo con el vocero de la Secretaría de Marina, supo que iban por él desde la una de la tarde, cuatro horas antes de que iniciaran los disparos, cuando un helicóptero sobrevoló el conjunto Altitude: "El ya sabía. Cuando escuchó el ruido del helicóptero se percató de eso, entonces se fue a su lugar y se preparó para hacer frente; él sabía que tarde o temprano iban a llegar por él".

A las nueve de la noche, con seis pistoleros, Beltrán inició la defensa. "Estuvo participando en el tiroteo en contra de nosotros, creo que eso habla de que no estaba herido", explicó el vocero.

Según la Marina, desde el mediodía y hasta las cinco de la tarde, los integrantes de las fuerzas especiales desalojaron a los habitantes de las doce torres que forman el conjunto Altitude. Más de cien efectivos se desplegaron en el lugar. Se dio la orden de ataque: desde vehículos artillados, los marinos accionaron ametralladoras 7.62. Beltrán y sus hombres respondieron desde las ventanas del departamento 201 con granadas y ráfagas de AK-47.

Dos sicarios que se hallaban en la planta baja abrieron fuego contra los miembros de la Armada. "Fueron abatidos de inmediato." Otros tres resistieron el asedio durante cuatro horas. Un marino fue alcanzado por una granada de fragmentación en las escaleras de emergencia. Se decidió detener la incursión hasta que el parque de Beltrán se agotara. Mientras, los vehículos artillados siguieron atacando. Dos sicarios murieron en la sala. Cuando comprendió que estaba perdido, un tercero, el hijo de un famoso narco, *El Chalo* Araujo, saltó por los ventanales para suicidarse. Durante la caída, una bala expansiva le reventó en la espalda.

La última comida de *El Jefe de Jefes,* el hombre que compraba voluntades a cambio de millones de dólares y traficaba cargamentos que se medían en toneladas; el hombre de las joyas, los animales exóticos, los ranchos, los palacios, las avionetas, consistió en unos huevos con jamón que bajó a sorbos dados a una Coca-Cola con envase de plástico. Había hecho llamar a dos masajistas, una de dieciocho años, otra de cuarenta y cuatro, con las que pasó sus últimas horas.

Según la Marina, a las nueve de la noche Beltrán abrió la puerta del departamento y enfrentó a los efectivos con intenciones de huir hacia el elevador. Le dispararon a menos de tres metros de distancia. Una de las balas le arrancó el hombro de cuajo.

Las primeras fotos lo muestran, no en la puerta del departamento, sino en el interior de éste, con una bebida energética junto a las manos. De acuerdo con la versión oficial, los marinos lo hallaron con los pantalones en las rodillas y la playera alzada hasta el pecho. "Yo creo que él cayó herido y a lo mejor le aflojaron la ropa, lo jalaron y fue que quedó en esa posición. Ya estaba así", dijo el almirante José Luis Vergara.

Una foto muestra a tres civiles embozados, vestidos

con sudaderas y guantes de látex rojo, bajándole los pantalones hasta más allá de las rodillas, y colocando al cadáver sobre una sábana blanca. En una tercera foto, esos mismos personajes comienzan a desplegar, macabramente, joyas y billetes ensangrentados sobre el cuerpo.

No se ofreció explicación oficial sobre la vejación al cadáver. Tampoco, sobre la identidad de los civiles embozados.

El almirante Vergara sostuvo que el objetivo de la Armada era capturar al delincuente con vida. "Pero asumió una actitud de no dejarse atrapar." En un acta ministerial que las autoridades no han dado a conocer, las dos masajistas afirmaron que Arturo Beltrán se había rendido, que su último gesto fue el de entregarse, antes de morir desangrado en un departamento de lujo.

Atentamente, *El Chapo*

ESPUÉS DE LA FUGA de Puente Grande, Joaquín *El Chapo* Guzmán huía desesperado de una ciudad a otra. Un grupo especial de la Policía Judicial Federal, a cargo del entonces director Genaro García Luna, y al menos medio millar de agentes comisionados por diversos cuerpos policiacos, le mordían los talones. Las autoridades sostenían que *El Chapo* realizaba la huida prácticamente sin recursos: disponía sólo de cuatro vehículos, cuatro pistolas, algunos rifles AK-47, y un trío de escoltas incondicionales que desde fines de los años ochenta lo seguían a todas partes: Juan Mauro Palomares, *El Acuario,* Jesús Castro Pantoja, *El Chabelo,* y Arnoldo Martínez, *El Trece.*

El fiscal antidrogas Mario Estuardo Bermúdez declaraba que el radio de movilidad y operación del narcotraficante se hallaba "bastante reducido". El procurador Rafael Macedo de la Concha afirmaba que su organización estaba "significativamente" fracturada. El presidente Vicente

Fox anunciaba que su captura era cuestión de tiempo: "Ahí lo traemos de cerquita".

La policía acababa de asegurarle un laboratorio de procesamiento de drogas en Zapopan. Cada quince días era detenido uno de sus cómplices. Las redadas federales habían provocado la detención de su hermano, Arturo Guzmán, *El Pollo,* y de veinticuatro personas asociadas a su grupo delictivo: desde el hombre encargado de comprarle comida, hasta pistoleros, operadores, pilotos y lavadores de dinero. El procurador tenía en su escritorio la lista de sus principales colaboradores: abogados, ex militares, ex comandantes de la Policía Judicial Federal. Se sabía que su segunda esposa, Griselda López Pérez, le ayudaba a rentar casas en las cuales esconderse. A cuatro meses de la fuga, en mayo de 2001, *El Chapo* se guareció en una residencia de la delegación Cuajimalpa. En julio de ese año se ocultó en el Fraccionamiento Las Ánimas, de la ciudad de Puebla, y luego anduvo a salto de mata en casas de El Pedregal, La Marquesa y la delegación Tlalpan.

Uno de los hombres que lo acompañaba, Jesús Castro Pantoja, fue localizado por la policía cuando envió un regalo a su mujer, por el nacimiento de su hijo. Las cámaras de video de la tienda donde había adquirido el obsequio permitieron que las fuerzas de seguridad determinaran su filiación. Lo cazaron en estado de ebriedad a las puertas de un hotel de Guadalajara. Declaró que *El Chapo* estaba deprimido y a las puertas del suicidio. La detención de su hermano *El Pollo* le había puesto el ánimo al nivel del piso. Le aterrorizaba la idea de ser extraditado y juraba que, antes de regresar a La Palma —la prisión donde purgó los primeros dos años de una condena de veinte—, prefería darse un tiro.

A fines de 2001, parecía copado. El ejército le cateaba fincas, ranchos, domicilios. La policía le decomisaba vehículos, armas, droga, dinero. Guzmán Loera, sin embargo, parecía ir siempre un paso adelante. "Se esfuma minutos antes de que aparezcamos", declaró el director de la DEA, Anthony Placido.

El narcotraficante había montado a su alrededor un sistema de seguridad que consistía en el envío de mensajes por bíper. Su grupo más cercano debía recibir cada treinta minutos un mensaje de reconocimiento enviado por escoltas ubicados en puntos alejados. Estos escoltas, a su vez, recibían mensajes procedentes de un tercer círculo de protección. Si la cadena se rompía en algún momento, se tomaba la decisión de huir: "Quería decir que alguien del grupo había sido detenido", declaró Castro Pantoja.

La fuente más veraz de información que poseía *El Chapo,* sin embargo, provenía de las estructuras de seguridad nacional encargadas de detenerlo. Durante los ocho años que permaneció en prisión, su hermano *El Pollo,* que había quedado al frente de una parte de la organización, reclutó enganchadores cuya función consistía en sobornar militares y comandantes de la PGR. Estos funcionarios, asignados por lo general a cargos estratégicos, ponían en manos de *El Pollo* información relacionada con operativos y cateos.

El Chapo tenía razón cuando afirmaba que prefería el suicidio al laberinto de pasillos, muros de concreto y rejas controladas electrónicamente del penal de La Palma. Recluido en ese lugar entre 1993 y 1995 —año en que fue trasladado a Puente Grande—, tuvo tiempo de advertir cómo el aislamiento, la inactividad, y las estrictas reglas de seguridad y disciplina, provocaban entre los reclusos toda clase de trastornos físicos y mentales. La Palma, inaugurada en 1991 como el primer penal de máxima seguridad del país, prohibía la comunicación entre internos, salvo en zonas de uso común. Entre el pase de lista a las seis de la mañana y el apagado de luces a las diez de la noche, sólo había pequeñas visitas al comedor, los talleres, los patios. Los internos no podían formar grupos de más de tres personas y por lo general se prohibía que hablaran entre ellos. La mayor parte del tiempo vegetaban en sus celdas. En 1994 hubo, con sólo dos semanas de diferencia, un par de suicidios. Ese año, *El Chapo* se quejó con una organización de derechos humanos porque cerca de su celda había "dos cuartos con paredes acolchonadas, donde constantemente se escuchan gritos de personas, algunas de las cuales son maniatadas con camisas de fuerza". Se quejó, también, porque las autoridades se la pasaban "inyectando y dando pastillas a los internos, para volverlos locos".

A excepción de las visitas conyugales, la única distracción de Guzmán Loera consistía en largas partidas de aje-

drez en las que invariablemente derrotaba a sus lugartenientes: Baldemar Escobar Barraza, Martín Moreno Valdés
y Antonio Mendoza. Las autoridades del penal lo consi-
deraban un hábil ajedrecista. También, una persona "peli-
grosa" y "mentirosa".

Uno de los perfiles sicológicos que se le realizaron, su-
braya el sentimiento de inferioridad que le produce su es-
tatura (de alrededor de 1.65 metros) y la tenacidad con
que se empeña en demostrar "superioridad intelectual" y
alcanzar "un status de omnipotencia". De acuerdo con el
diagnóstico, "en su realidad interna no existe la culpa",
posee habilidades "para manipular su entorno" y pretende
mantenerse "en el centro de la atención". Seductor, afable,
espléndido, *El Chapo,* dice el documento, sabe generar
"sentimientos de lealtad y dependencia hacia su persona".
Es tolerante a la frustración, "pero no indulgente con sus
detractores". Sus respuestas son siempre calculadas y defi-
ne claramente sus metas.

Tales características debieron ayudarle a superar la de-
presión. Cuatro años después de la fuga, el subprocurador
José Luis Santiago Vasconcelos lo definió como el criminal más inteligente y con mayor capacidad de reacción
que la PGR había enfrentado. En poco tiempo, el hombre que recorría el país con sólo tres pistoleros cuidándo-
le las espaldas había extendido su área de influencia a dieciséis estados y poseía contactos comerciales en veinte
países. Su organización controlaba el Pacífico mexicano y
buena parte de la frontera. Sus redes llegaban incluso a

Tailandia. Un reporte de la DEA consideraba al cártel de Sinaloa la organización dominante en el país: tenía bajo su poder más plazas y territorios que los grupos rivales, y por tanto era capaz de "mover" mayores cantidades de droga. *El Chapo* soñaba en ese tiempo con crear una Federación, una alianza de cárteles que él iba a dirigir desde la sombra.

Estuvo a un paso de lograrlo pero, como decía el perfil, no era indulgente con sus detractores. En sólo nueve años convirtió el país en una balacera. Un México sobre el que danzaba la sombra de treinta mil ejecuciones contabilizadas entre enero de 2001 y agosto de 2010.

El vuelo de Tapachula

"Esto se va a poner de la chingada", le dijo *El Chapo* Guzmán a su administrador, Hernán Medina Pantoja, el 24 de mayo de 1993, día en que una balacera en el aeropuerto de Guadalajara cobró la vida del cardenal Juan Jesús Posadas Ocampo. Los reportes oficiales indican que *El Chapo* se había hospedado en el Hotel Holiday Inn de esa ciudad y se disponía a viajar, en plan de descanso, a Puerto Vallarta. La pugna que desde 1989 mantenía con los hermanos Benjamín y Ramón Arellano Félix, cabecillas del cártel de Tijuana, le arruinó los planes y cambió inesperadamente el curso de su vida.

Un comando de asesinos reclutado en el barrio Logan

de San Diego se había trasladado a Guadalajara para asesinarlo. Lo que siguió después —la balacera en la que los sicarios confundieron el auto de *El Chapo,* y en lugar de matarlo a él barrieron el cuerpo del cardenal Posadas Ocampo, según la versión oficial—, lo condujo al máximo nivel de visibilidad: exhibió una red de sobornos y complicidades que le había permitido construir la organización criminal más poderosa de México.

Antes de 1993, *El Chapo* Guzmán reinaba desde el anonimato. Nadie lo conocía. Nadie había escuchado su nombre. Era una referencia vaga a la que el oro del narcotráfico ocultaba en el abismo, los agujeros negros de algunos expedientes judiciales. La policía no contaba con datos suyos. Tampoco, con fotografías recientes. *El Chapo,* sin embargo, tenía en el puño las riendas de cuatro estados: Jalisco, Nayarit, Durango, Sinaloa. Disponía de un escudo de protección compuesto por gobernadores, ministerios públicos, comandantes, policías y funcionarios medios y altos de varias procuradurías. Según una versión, sus tentáculos habían llegado al secretario particular del presidente Carlos Salinas de Gortari, Justo Ceja Martínez. En su nómina aparecía el hombre que dirigió la Policía Judicial Federal hasta la muerte de Posadas Ocampo: Rodolfo León Aragón.

Tras la balacera en el aeropuerto, las cosas se pusieron como él había anunciado. *El Chapo* comprendió que el gobierno iba a abocarse por completo a la investigación. En una camioneta Suburban, acompañado por un grupo de pistoleros, se desplazó hacia el sur. Según el oficio 1387 de la Procuraduría de Justicia Militar, un comandante federal de apellido Gómez, quien le servía de enlace con el subprocurador general Federico Ponce Rojas (al que se le pagaba un millón de dólares cada dos meses), lo escoltó hasta los límites de Chiapas. Fue, sin embargo, una huida plagada de errores. El ex procurador Jorge Carpizo relató después que el narcotraficante hizo varias llamadas desde su celular ("iba dejando un rastro, como animal herido"), y ordenaba a sus acompañantes destruir los cartelones de "Se busca" que aparecían en su camino. Las llamadas desde el celular eran "como un bíper que se prendía y apagaba, pero que daba pistas sobre sus movimientos". La pista de los cartelones rotos trazaba una línea que se dirigía a San Cristóbal de las Casas. Era evidente que *El Chapo* huía del país: el gobierno mexicano pidió, al más alto nivel, para evitar filtraciones, la colaboración de autoridades guatemaltecas y salvadoreñas.

Un día, el celular dejó de comunicarse. Carpizo supuso que el narcotraficante al fin había sido detenido.

Un grupo de élite del ejército guatemalteco lo capturó en junio de 1993 en el Hotel Panamericana. Lo acompañaban tres hombres y una mujer. *El Chapo* revelaría después que la milicia de ese país lo había traicionado: que el teniente coronel Carlos Humberto Rosales le arrebató un millón y medio de dólares, antes de entregarlo en el puente Talismán al coordinador de la lucha contra el narcotráfico, Jorge Carrillo Olea.

Un avión de la fuerza aérea lo trasladó a Toluca.

"¿Cuánto dinero quieren? Tengo mucho", les dijo a los funcionarios que lo escoltaban. "Les doy los nombres de comandantes, de funcionarios, de gente a mi servicio. Estoy arreglado muy arriba", agregó.

Durante el vuelo, el narcotraficante detalló las redes de corrupción en que basaba sus actividades. Salpicó a un ex procurador, cuyo nombre no se hizo público. Luego se supo que había embarrado también al ex subprocurador Federico Ponce Rojas, a una persona que trabajaba "muy cerca" del presidente Salinas de Gortari y a un colaborador del primer círculo de Jorge Carpizo. *El Chapo* relató la entrega de millones de dólares a los comandantes federales José Luis Larrazolo Rubio, Cristian Peralta y Guillermo Salazar. Desnudó la maquinaria de infinita corrupción que había en el gobierno de Salinas de Gortari.

El procurador Carpizo archivó la información. "Los datos proporcionados por el jefe del cártel de Sinaloa eran sugerentes —escribió después—, pero no tenían la fuerza, por sí solos, para realizar una consignación". Otro de los pasajeros del vuelo, el general Guillermo Álvarez Nara, consignó la declaración en un oficio de cuatro cuartillas que luego entregó a la Procuraduría General de Justicia Militar (años más tarde, Álvarez Nara sería señalado por la DEA como protector de otro narcotraficante de primer nivel: Ignacio Coronel).

El PRI, que ha señalado a Guzmán Loera como capo favorito del panismo, en 1993 decidió guardar silencio, desviar la vista. La declaración de *El Chapo* sólo hundió a policías y funcionarios medios. Se produjo una cascada de ceses y remociones. En La Palma, *El Chapo* se negó a ratificar lo que había declarado. Dijo que le habían leído la cartilla, y que mejor ahí lo dejaba.

LA NOCHE DEL KRYSTAL

—Oye, *Chapo,* ¿es cierto que eres el rey de la coca?

—Yo no me dedico a eso.

—¿A qué te dedicas?

—Soy agricultor.

—¿Qué siembras?

—Frijol.

—¿Y qué más?

—Tengo una abarrotería con un amigo.

Pese a lo que declaró cuando fue presentado ante la prensa, *El Chapo* era poseedor de una biografía menos modesta. Durante varios años fue dueño absoluto del hangar 17 zona D del Aeropuerto Internacional de la Ciudad de México, en el que, según elementos de la Policía Bancaria e Industrial encargados de custodiar el lugar, dos aviones efectuaban vuelos constantes bajo la protección del comandante federal Mario Alberto González Treviño. La DEA lo consideraba pionero en la construcción de narcotúneles: uno de ellos, de cuatrocientos cincuenta metros de longitud, habilitado con rieles, luz eléctrica y sistema de ventilación, era empleado para introducir drogas en San Diego y sacar dinero en efectivo del país. Había ideado la exportación de cocaína dentro de latas de chiles jalapeños, en remesas etiquetadas bajo la marca "Comadre", que enviaba regularmente al otro lado de la frontera por medio de trenes de carga. Acostumbraba rentar, en hoteles lujosos, pisos completos para sí solo. Era afecto a las mujeres, la música de tambora, el oro y las piedras preciosas. Poseía fincas, ranchos, casas de playa. Tenía dos yates anclados en Playa Pichilingue: el *Chapito II* y el *Giselle* (los nombres de sus hijos). Según la declaración del testigo protegido "Julio", antes de huir rumbo a Guatemala había entregado a un primo suyo doscientos millones de dólares, para que los guardara por si la cosa se ponía fea. La leyenda de aquel dinero hizo que un narcotraficante apodado *El Colo* viajara a Nayarit para matar al familiar de *El Chapo* y adueñarse de esa fortuna.

En realidad, las cosas iban mal desde 1989, cuando el primer capo de capos que hubo en el país, Miguel Ángel Félix Gallardo, fue llamado a cuentas por la justicia. Por indicaciones de Félix Gallardo, el narcotraficante Juan José Esparragosa Moreno, *El Azul,* convocó a una cumbre de capos en la que el país fue repartido a fin de evitar una guerra. En la esfera de las declaraciones ministeriales, en el mundo de los testigos protegidos, las versiones de un mismo hecho suelen ser contradictorias. Para algunos, el desastre comenzó cuando los hermanos Arellano Félix mataron en Tijuana a *El Rayo* López —a quien *El Chapo* consideraba un hermano—, porque éste había traficado

66

en su territorio sin permiso. Para otros, todo se pudrió cuando los Arellano robaron trescientos kilos de coca que pertenecían al cártel de Sinaloa. Amigos durante el reinado de Miguel Ángel Félix Gallardo, tras la detención de éste, *El Chapo* y los Arellano quedaron confrontados. Quedaron convertidos en enemigos mortales.

En octubre de 1992, *El Chapo* fue objeto del primer atentado. Mientras circulaba en un Cutlass por el Periférico de Guadalajara, una Ram lo embistió y tres sujetos descendieron accionando las metralletas. *El Chapo* metió a fondo el acelerador y se abrió camino entre el fuego. Tuvo tiempo de reconocer a sus atacantes: Ramón Arellano Félix y dos de sus lugartenientes, Armando y Lino Portillo.

En cuanto se puso a salvo, contó los agujeros de bala en la carrocería del Cutlass, doce en total, y marcó el 77-16-21, número celular de Benjamín Arellano. El líder del cártel de Tijuana le dijo:

—Nosotros no fuimos.

El Chapo declaró después: "Desde ese día les perdí la confianza". Le tomó menos de un mes devolver la cortesía. Sus servicios de información revelaron que con la custodia del comandante federal Adolfo Mondragón Aguirre, los Arellano llevaban tres noches en Puerto Vallarta, derrochando dinero en el Christine, el centro nocturno del Hotel Krystal. El 8 de noviembre de 1992, un camión Dina aparcó a las puertas de la discoteca. De la caja metálica bajaron en formación cincuenta hombres con chalecos antibalas, rifles de asalto e identificaciones de la Policía Judicial Federal. En cosa de ocho minutos, los atacantes habían percutido mil casquillos. Armando Portillo, uno de los responsables del atentado contra *El Chapo* en el Periférico de Guadalajara, fue abatido por la metralla. Ramón y Francisco Javier Arellano Félix lograron escapar por los ductos de aire acondicionado del baño. La mayor parte de su escolta murió durante la refriega.

La espiral de violencia alcanzó su punto culminante en el aeropuerto de Guadalajara el día en que *El Chapo* Guzmán quiso viajar a Puerto Vallarta y el comando del barrio Logan recibió la instrucción de regresar a Tijuana, pues el objetivo del viaje (localizar y ejecutar a *El Chapo)* no pudo cumplirse. Ése fue el día en que, según las autoridades, ambos grupos se hallaron por accidente a las afueras del Aeropuerto Miguel Hidalgo. Ése fue el día en que el cardenal Posadas tuvo el mal fario de irse a meter directamente entre las balas y el país entero descubrió que había comenzado la Edad de la Delincuencia Organizada.

VIVIR EN PUENTE GRANDE

En noviembre de 1995, *El Chapo* Guzmán consiguió su traslado al penal de Puente Grande, ubicado a dieciocho kilómetros de Guadalajara. Ahí lo esperaba un viejo camarada de correrías, el narcotraficante al lado del cual había empezado a construir su imperio, Héctor *El Güero* Palma, detenido en junio de ese año cuando la avioneta en que viajaba se desplomó a consecuencia del mal tiempo. En apariencia, desde su ingreso en el penal *El Chapo* se dedicó a defenderse de los diez procesos que tenía abiertos por homicidio, delitos contra la salud, cohecho, delincuencia organizada, tráfico de drogas y acopio de armas. El entonces director de la DEA, Thomas Constantine, diría después que, en realidad, Guzmán Loera siguió operando desde la cárcel. Su hermano *El Pollo* bajaba cargamentos de cocaína procedentes de Sudamérica, "apadrinado" por Juan José Esparragosa, *El Azul,* y por Albino Quintero Meraz. Otras figuras del cártel, como los hermanos Héctor y Arturo Beltrán Leyva, enviaban dólares a Puente Grande cada que *El Chapo* los necesitaba.

El capo conocía a la perfección el camino que iba a recorrer: en 1991 había sobornado al jefe de la policía capitalina, Santiago Tapia Aceves, a quien le entregó doscientos veinticinco mil dólares, y catorce millones de pesos, a cambio de su libertad. Aquel episodio sería recordado como "la primera fuga de *El Chapo*". Una patrulla lo había detenido en Viaducto. Se dice que dentro de la Suburban en la que viajaba había varios ladrillos de cocaína, e incluso un muerto. Cuando recibió el reporte por radio, el jefe Tapia Aceves pidió a los uniformados que trasladaran al detenido a las instalaciones de la delegación Venustiano Carranza. El trámite fue cosa de minutos. Tapia Aceves llegó al lugar en helicóptero, y volvió a subir a él con varias bolsas de Aurrerá repletas de dólares.

Fiel a su propia lógica, *El Chapo* tardó pocos meses en

adueñarse de Puente Grande. Según se lee en el expediente judicial 16/2001, puso a sueldo a custodios y comandantes; lentamente tendió un circuito de complicidad que
se extendió a todos los niveles. El mismo director del penal, Leonardo Beltrán Santana, se hallaba bajo sus órdenes:
en cierta ocasión, según la declaración del custodio Armando Ramírez Mejía, recibió de *El Chapo* "un maletín
lleno de billetes que no soltó ni un momento". Los testigos coinciden: durante su estancia en Puente Grande,
Guzmán Loera escogía el menú, imponía el rol de vigilan-
cia e intervenía en cada uno de los mecanismos de operación de la cárcel. Poseía cuatro celulares, estéreo, televisión
y una computadora personal. No asistía a clases y ni siquiera pasaba lista. Según el tercer visitador de la Comisión Nacional de los Derechos Humanos, José Antonio
Bernal, a poco de su llegada "entraban drogas, alcohol y
mujeres para reclusos privilegiados… había hielos, chicles,
comida, pastillas no autorizadas, medicamentos no permi-
tidos, vitaminas y mujeres a las que pasaban en camionetas del mismo penal".

El Chapo, El Güero Palma y Arturo Martínez, *El Texas,*
los tres reclusos más importantes, celebraban rumbosas fiestas para las que se adquirían hasta quinientos litros de vino,
y en las que había tambora y mariachi. Algunas mujeres
traídas de fuera permanecían al lado de *El Chapo* durante
semanas. En otras ocasiones, el capo prostituía a las cocineras del penal (una vez fue denunciado por violación).

Los custodios que se negaban a integrarse a la red de

complicidad eran golpeados o amenazados: "Oiga, dicen que usted anda enojado y que no quiere nuestra amistad. No se preocupe, aquí tenemos los datos de su domicilio y de su familia. No hay ningún problema". Narcotraficantes y familiares ingresaban al penal sin importar la hora: "Aquí traemos a las visitas de los señores".

A fines de 1997, *El Chapo,* que acostumbraba enviar rosas a las cocineras, le mandó una botella de whisky a una de las cinco mujeres recluidas en el penal: Zulema Hernández. Era alta, rubia, y poseía un cuerpo "casi perfecto". Tenía tatuado un murciélago en la espalda y un unicornio en la pierna derecha. Se hallaba en Puente Grande bajo el cargo de secuestro. El periodista Julio Scherer la entrevistó alguna vez y publicó las cartas de amor que *El Chapo* dictaba a su secretario: "Zulema, te adoro... y pensar que dos personas que no se conocían podían encontrarse en un lugar como éste".

Zulema fue una de las pocas personas a las que el capo confió su proyecto de evasión: "Después nos volvimos a ver y me dijo que ya se iba a hacer. Él me decía, tranquila, no va a pasar nada, todo está bien". Guzmán Loera enfrentaba un proceso de extradición, que con seguridad iba a perder en los tribunales. El plan que había fraguado minuciosamente desde 1999 fue puesto en marcha el 19 de enero de 2001. Vicente Fox acababa de llegar a la Presidencia de la República. Un cambio de director en Puente Grande podía echar por tierra años de trabajo. No quedaba tiempo para comenzar de cero.

Antes de irse, Guzmán prometió a Zulema la ayuda de un abogado. Pero el abogado nunca llegó y el narcotraficante se olvidó de ella. Jamás volvieron a verse: Zulema salió de prisión en 2003, se enroló en la organización de un abastecedor de droga llamado Pablo Rojas, *El Halcón,* y regresó a la cárcel al año siguiente. En 2006 la liberaron. El 17 de diciembre de 2008 la policía encontró el murciélago y el unicornio dentro de la cajuela de un auto. Zulema había sido asfixiada con una bolsa de plástico y tenía varias "Z" marcadas con una navaja en el cuerpo.

La fuga de *El Chapo* comenzó a las 19:15 del 19 de enero, y terminó trece minutos más tarde. En un carro de lavandería empujado por Francisco Javier Camberros, *El Chito,* empleado del área de mantenimiento, y luego de ubicar en puntos estratégicos al equipo de celadores a su servicio, *El Chapo* salió del módulo 3 y atravesó pasillos, diamantes de seguridad y puertas electrónicas, hasta cruzar la aduana de vehículos. El sistema de video interno había sido bloqueado. En el estacionamiento general, se metió en la cajuela de un viejo Montecarlo. *El Chito* se hallaba a tal punto bajo la voluntad del narcotraficante que, dijo después, no cobró un solo peso "por el favor que le hice al señor Guzmán".

El Chapo se había quejado ante él de su extradición inminente. "Me dijo que ya había pagado sus culpas y aun así lo querían llevar a Estados Unidos." Sucedió este diálogo:

—¿Me apoyas para irme de aquí?

—Como va.

Una vez en el Montecarlo, *El Chito* apretó el acelerador. Pasaron dos topes. El auto enfilaba por la carretera libre a Zapotlanejo. Antes de llegar a la ciudad, el empleado abrió la cajuela.

—Yo aquí lo dejo —dijo.

El Chapo le recomendó:

—Mejor vente conmigo. A partir de mañana va a estar la noticia, pero en grande.

Con el narcotraficante instalado en el asiento del copiloto, llegaron a la esquina de Maestranza y Madero. *El Chapo* admitió que tenía la boca seca. Camberros estacionó el auto y se metió a una tienda para comprar agua. Cuando regresó, el jefe del cártel de Sinaloa se había esfumado. "Primero se fugó de Puente Grande y luego se le fugó a él", escribió un reportero.

"Al ver el problema en el que me encontraba [...] agarré un carro de sitio a la central de Guadalajara y ahí tomé un camión para el Distrito Federal, en donde yo creía que nadie me conocía", confesó Camberros el día en que el miedo, el escándalo, la presión, lo llevaron a entregarse.

En Puente Grande sólo encontraron el uniforme y los zapatos de *El Chapo*. El director Beltrán Santana, que esa tarde había recibido la visita en el penal del subsecretario de Seguridad Pública, Jorge Tello Peón, y del director de Readaptación Social, Enrique Pérez Rodríguez (quienes viajaron a Puente Grande, según dijeron, para atender denuncias sobre el relajamiento en los esquemas de seguridad), tardó dos horas en informar a sus superiores. El sistema de corrupción del que este servidor se había beneficiado, le estalló de pronto entre las manos: la huida ocasionó la consignación más grande en la historia reciente del país: setenta y un custodios y funcionarios fueron detenidos.

Nueve años después de la fuga, sólo seis procesados continuaban en la cárcel. Incluso Beltrán Santana había obtenido la libertad. Los priistas que solaparon el esquema de corrupción que durante el gobierno de Ernesto Zedillo permitió a Guzmán Loera reinar a sus anchas en Puente Grande, acusaron a los panistas de haber facilitado la fuga. Lo único claro, según se vio después, era la facilidad con que *El Chapo* compraba a unos y otros.

A SALTO DE MATA

Un corrido de *El Tigrillo* Palma cuenta lo que ocurrió después:

A veces la residencia
a veces casa campaña
los radios y metralletas
durmiendo en piso o en cama
de techo a veces las cuevas
Joaquín El Chapo se llama.

La PFP, la PGR y la Sedena instalaron un operativo de rastreo por aire, mar y tierra. Las fuerzas de seguridad se movilizaron en la frontera. El testigo protegido clave "Julio" relató que la misma noche de su fuga *El Chapo* se dirigió a Nayarit, donde un político local, Julián Venegas Guzmán, lo escondió en su propia casa.

A fines de los ochenta, Venegas Guzmán había relacionado a *El Chapo* con elementos del ejército asignados a la costa nayarita. Tres de ellos, Jesús Castro Pantoja, Antonio Mendoza Cruz y Adrián Pérez Meléndez, le sirvieron de "muro" en diversos desembarcos de cocaína. Una parte importante de su organización se hallaba asentada en Nayarit.

Guzmán Loera pasó una noche en casa del político (meses después, a la hora de ser detenido, éste aspiraba a una diputación local por el PRD), y luego se refugió durante cuarenta días en un rancho de Compostela que el propio Venegas le había conseguido. En marzo de 2001, el ejército ubicó al narcotraficante en Santa Fe, Nayarit. Se desplegó un operativo que incluyó vuelos rasantes, pero las autoridades militares llegaron tarde: Ismael *El Mayo* Zambada acababa de sacar a *El Chapo* en helicóptero. Fue en esos meses cuando Guzmán Loera corría de un lugar a otro, y el gobierno de Vicente Fox anunciaba que se había quedado sin recursos: "Podemos presumir que será detenido de un momento a otro".

De acuerdo con la versión del testigo "Julio", *El Chapo* dependía por completo de su hermano *El Pollo,* que se encargaba a distancia de su seguridad física y económica. Exprimía la línea directa que tenía con altos mandos de la PGR para estar al tanto de los operativos.

La DEA señalaba que desde mediados de los años noventa *El Pollo* dirigía una de las células del cártel de Sinaloa. Según un narcotraficante adscrito al programa de testigos protegidos bajo la clave "César", en 1997 el hermano de *El Chapo* había asistido a una reunión convocada por el jefe del cártel de Juárez, Amado Carrillo, en la que se acordó entregar un soborno de cien millones de dólares al zar antidrogas Jesús Gutiérrez Rebollo (la negociación no prosperó: el general Rebollo, dijo "César", sólo recibió un adelanto de diez millones de dólares como pago por su protección).

Entrevistado telefónicamente por el periódico *El Norte*, unos días después de la evasión de *El Chapo,* el propio Gutiérrez Rebollo —que en teoría había perseguido al narcotraficante durante años—, adelantó lo que iba a ocurrir: Guzmán Loera se internaría en Nayarit para rehacer sus fuerzas, y luego iba a lanzarse a recuperar todo lo perdido.

Cuatro meses después de la fuga, aparecieron señales de que *El Chapo* había retomado las riendas de la organización: el director de investigaciones de la policía ministerial de Sinaloa, Pedro Pérez López, sufrió un atentado a manos de francotiradores. En el sitio donde los sicarios se apostaron para abrir fuego, la policía encontró un mensaje escrito en tinta verde: "Atentamente, *El Cha-*

po". Era la declaración oficial de su vuelta a las actividades criminales.

Sin embargo, la PGR seguía afirmando que estaba cercado. En agosto de 2001, en las inmediaciones de La Marquesa, uno de sus familiares, Esteban Quintero Mariscal, fue detenido por militares mientras circulaba en posesión de cuatro armas largas. El subprocurador José Luis Santiago Vasconcelos informó que *El Chapo* andaba cerca, y que Quintero se había sacrificado para servirle de "muro". Esa detención condujo al ejército a la zona de Taxqueña. Tras un mes de operativos "discretos", las fuerzas especiales le asestaron a *El Chapo* el primer golpe fulminante: *El Pollo* Guzmán fue aprehendido. El procurador Macedo de la Concha echó las campanas al vuelo: el cártel de Sinaloa, dijo, quedaba definitivamente partido en dos. La información obtenida tras la captura de *El Pollo* hacía presumir que la carrera criminal de Joaquín Guzmán Loera terminaría en menos de un mes.

Los cuatro años que duró la gestión de Macedo de la Concha no bastaron para que la predicción se cumpliera.

LA ALIANZA DE SANGRE

A principios de 2002, la Unidad Especializada contra la Delincuencia Organizada detectó que *El Chapo* había tenido reuniones con Arturo Beltrán Leyva e Ismael *El Mayo* Zambada. También, que reanudaba relaciones con varios contactos sudamericanos y establecía nexos en Bolivia con el narcotraficante Miguel Ángel Carranza, *El Kala*. 2002 sería para él un año de suerte: en febrero, Ramón Arellano Félix fue asesinado en Mazatlán, mientras dirigía un operativo para matar a *El Mayo* Zambada; en marzo, el ejército detuvo al otro cabecilla del cártel de Tijuana: Benjamín Arellano. Hay versiones que indican que *El Chapo* filtró la información que permitió esa captura.

La suerte siguió de su lado en 2003: después de sostener dos enfrentamientos a tiros y repeler un intento de rescate, el ejército aprehendió en Matamoros al líder del cártel del Golfo, Osiel Cárdenas Guillén. Las dos fronteras más importantes del país fueron descabezadas. Las organizaciones de Tijuana y el Golfo se fragmentaron en una galaxia de grupos violentos enfrentados entre sí. Había sonado la hora de *El Chapo*.

Estos fueron los días en que veinticinco jefes se reunieron en Cuernavaca para fundir los cárteles de Sinaloa y Juárez en una sola organización que dominara el Pacífico, el Golfo, la frontera. Una organización que aplastara los restos de los cárteles de Tijuana y el Golfo. La mayor parte de los convocados eran sinaloenses, aunque algunos operaban desde hacía tiempo en Durango y Chihuahua. Muchos de ellos mantenían lazos familiares reforzados por bodas y compadrazgos. Tenían asiento en el grupo Ismael *El Mayo* Zambada, Juan José Esparragosa, Vicente Carrillo Fuentes, Ignacio Coronel y Arturo Beltrán Leyva, entre los más destacados. La DEA bautizó a la organización como La Alianza de Sangre. Las autoridades mexicanas preferían llamarla La Federación. Comenzaba una fase en la que las balaceras, el reguero de sangre, las torturas y las decapitaciones se iban a desbordar sin control.

Mientras las armas necesarias cruzaban la frontera, en La Palma, Benjamín Arellano y Osiel Cárdenas unían fuerzas.

Uno de los primeros capítulos de la guerra entre los cárteles se escribió en La Palma en mayo de 2004: un lugarteniente de *El Chapo*, Alberto Soberanes Ramos, fue estrangulado con un cable eléctrico en el área de mingitorios. La Comisión Nacional de Derechos Humanos había recomendado quitar las cámaras de video de los baños, pero éstas no hicieron falta. La Alianza sabía claramente de dónde había venido el golpe.

Ese año, la violencia sacudió Tamaulipas, corrió por la frontera, descendió hacia el centro del país, siguiendo puntualmente las rutas de la droga, y el 31 de diciembre, poco antes de la cena de Año Nuevo, cruzó de nueva cuenta las puertas de La Palma. Esa noche le metieron ocho impactos de bala a Arturo Guzmán, *El Pollo*. Al asesino le habían dejado un arma en los baños y una instrucción precisa dentro de su celda.

El autor intelectual, sin embargo, no radicaba en Tijuana ni pertenecía al cártel del Golfo. El autor intelectual era Vicente Carrillo Fuentes, uno de los miembros de La Federación. De ese modo vengaba la muerte de su hermano Rodolfo, *El Niño de Oro,* que *El Chapo* había decretado un mes atrás durante una disputa por tráfico de drogas.

Hoy se sabe que el encargado de ejecutar a *El Niño de Oro* fue el jefe de seguridad personal de Guzmán Loera, el ex militar de infantería Manuel Alejandro Aponte Gómez, alias *El Bravo. El Bravo* era el hombre que había entrenado a los *maras,* a Los Negros, a Los Pelones, los brazos armados del cártel de Sinaloa. Fue el encargado, en su momento, de organizar al comando que pretendió ejecutar al subprocurador Santiago Vasconcelos. Cazar a Rodolfo Carrillo, *El Niño de Oro,* le costó quinientos tiros. A *El Chapo,* una guerra contra el cártel de Juárez que se mantiene hasta la fecha, y la vida del hermano que lo había protegido, Arturo *El Pollo* Guzmán.

NARCOPARAÍSO

El sucesor de Rafael Macedo de la Concha en la PGR fue Daniel Cabeza de Vaca. En abril de 2005 tomó posesión del cargo con esta frase:

—Entrégate, *Chapo.*

Durante los primeros quince días de su gestión, sucedieron en el país treinta y seis ejecuciones. La DEA acababa de ofrecer cinco millones de dólares por la cabeza de Joaquín Guzmán Loera. La PGR había consignado a uno de sus hijos, Archibaldo Guzmán Salazar, *El Chapito.* En junio de ese año, un grupo de élite capturó en un restaurante de comida china a otro de sus hermanos, Miguel Ángel Guzmán, alias *El Mudo*.

Cabeza de Vaca terminó su gestión a fines de 2006, el día en que concluía el sexenio de Vicente Fox. La guerra entre los cárteles había dejado nueve mil ejecuciones.

El procurador entrante, Eduardo Medina Mora, sostuvo que *El Chapo* era sólo una figura emblemática que desde hacía tiempo había dejado de operar. Poco después, afirmó: "No importa dónde esté. Es como una estrella de futbol desgastada".

Durante el tiempo que duraron las funciones de Medina Mora se descubrieron los nexos de Guzmán Loera con el traficante de precursores químicos Zhenli Ye Gon, a quien la PGR decomisó doscientos cinco millones de dólares en una casa de Las Lomas. Se desenredó, también, el entramado que a través de la llamada Operación Limpieza reveló que los principales mandos de la PGR y la PFP estaban coludidos con el cártel de Sinaloa: *El Chapo* Guzmán, sus socios y operadores, habían replicado a escala nacional el modelo empleado en Puente Grande. La mayor parte de los colaboradores de Genaro García Luna servía al narcotráfico. Los hombres más cercanos a Medina Mora obedecían a pie juntillas las instrucciones que una "estrella desgastada" dictaba desde las sombras.

Si a consecuencia del asesinato de *El Niño de Oro*, La Alianza de Sangre había cerrado filas para enfrentar al cártel de Juárez, la detención de Alfredo Beltrán Leyva, *El Mochomo*, por una supuesta delación de *El Chapo*, y una disputa por el control del aeropuerto de la ciudad de México, que derivó en la pérdida de quinientos kilos de cocaína y el decapitamiento de cinco agentes aduanales, lanzó a Guzmán Loera a otra nueva guerra a muerte: la guerra contra los hermanos Beltrán, que dejó dos mil ejecutados en 2008, siete mil en 2009 y cinco mil doscientos ochenta entre enero y junio de 2010. Uno de esos ejecutados iba a ser Édgar Guzmán López, el hijo de *El Chapo* acribillado en el City Club de Culiacán.

Medina Mora dejó la PGR el 7 de septiembre de 2009. Meses atrás, la revista *Forbes* había ubicado a *El Chapo* con el número setecientos uno entre los hombres más ricos del mundo. Sin precisar el mecanismo bursátil que le permitió calcular la fortuna del narcotraficante en mil millones de dólares, la publicación lo situó como el séptimo millonario del país.

Finalizaba 2008. Arturo Beltrán Leyva colgó una manta en Sinaloa: "Chapo Guzmán y Nacho Coronel ustedes se dicen jefes pero no son, par de jotos, a mí se me hace chica la República Mexicana y tú te conformas con el área de Las Trancas, Tamazula, Durango, una que otra vez vuelas a San Nicolás en el mismo Canelas para esconderte en tu Carrizo pero ni tuyo es, tú Nacho Coronel no te enfada el Potrerillo de Carrasco en Canelas, una vez en su perra vida complázcanme, los veo en El Carrizo el día 1 de enero del 2009".

La manta contenía una serie de pistas que la autoridad tardó ocho meses en atender. En agosto de 2009, el ejército encontró en Las Trancas el mayor narcolaboratorio en la historia del tráfico de drogas en México: todo un complejo industrial para el procesamiento de metanfetaminas, asentado en una superficie de doscientas cuarenta hectáreas y acondicionado con bodegas, calderas, dormitorios, bombas de agua y una pista aérea. En la residencia principal, en la que había gimnasio, internet y Sky, se hallaron prendas de vestir (Versace, Tommy Hilfiger, Náutica) de talla 15 y medio. Había también un catálogo, prácticamente un menú, de rutilantes modelos. Según el reportero Francisco Gómez, recorrer el complejo de un lado a otro demandaba seis horas. Tenía capacidad para producir diariamente cien kilos de *cristal*.

No hubo detenidos. Los habitantes del narcoparaíso se habían esfumado antes de que las tropas aparecieran. Pantalones quince y medio: el habitante de aquella casa no era precisamente un hombre alto.

Unos meses más tarde, Michael Braun, jefe de operaciones de la DEA en Estados Unidos, aseguró que *El Chapo* era un cadáver viviente. "Es un hombre muerto y él lo sabe. Nadie en su negocio llega a viejo." En enero de 2010, Braun sostuvo que Guzmán se encontraba acorralado en una esquina, e hizo una predicción: "Será capturado dentro de noventa días".

Ocho meses más tarde, el ejército había asesinado a Ignacio Coronel durante un enfrentamiento en Zapopan, y la policía federal había detenido a Édgar Valdez Villarreal, *La Barbie,* en el Estado de México. La profecía sobre *El Chapo,* sin embargo, no lograba cumplirse. El periodista Jesús Blancornelas decía de Joaquín Guzmán: "Tiene de pronto un pie en Nuevo Laredo. Otro en Tijuana. Parrandea a escoger: Nogales o Caborca. Duerme en Puebla. Se da sus paseadas en Veracruz. Ordena ejecuciones en Quintana Roo. Lleva dólares a Guatemala. Total. Descansa escondido en Sinaloa. Por eso donde no lo ven se les figura".

La balada
de Amado Carrillo

E L 17 DE JULIO DE 1997, después de poner
punto final a sus obras completas, el joyero Tomás
Colsa McGregor renunció a la condición de testigo protegido de la PGR y se perdió entre la multitud
que recorría el Paseo de la Reforma. Dos semanas más
tarde fue localizado y ejecutado en la ciudad de México.
Sus obras completas eran una larga serie de declaraciones
ministeriales que involucraban a varios políticos en el narcotráfico y revelaban el organigrama del cártel de Juárez,
la organización criminal más poderosa de México luego
de la detención de Juan García Ábrego en 1996.

Figura secreta en la historia del tráfico de drogas, Colsa
McGregor fue artífice del *art narcó*, esa estética de relum-
brón que caracterizó, durante años, a policías y traficantes
mexicanos. Dominaba el arte de la joyería con tal virtuosis-
mo que, según sus propias declaraciones, "incluso había alcanzado el grado de doctor en esa materia". Al local que a
fines de la década de los setenta montó en Guadalajara no

asistían más que políticos y empresarios, "las únicas personas con dinero suficiente para comprar ese tipo de joyas".

En 1982 se amplió su bolsa de trabajo. Un sujeto que se hacía llamar Sergio Sánchez Ramos atravesó las puertas del negocio y encargó la confección de varias piezas por las que pagó entre doscientos y trescientos mil dólares en efectivo. Sánchez Ramos se llamaba, en realidad, Gabino Uzueta Zamora, y era uno de los jefes más conspicuos del narcotráfico en Jalisco. Le decían *El Pico Chulo* debido a su talento como conversador. La relación comercial que durante los tres años siguientes entabló con el joyero terminó por convertirlos en compadres.

Cuando *El Pico Chulo* fue asesinado en 1985, durante un enfrentamiento con el ejército, Colsa había presenciado varios desembarcos de cocaína realizados en Cancún, y participado en fiestas amenizadas por la banda El Recodo, "que duraban hasta cuatro días", y a las que asistían los principales capos del narcotráfico en México. Su agenda comercial contenía una extensa nómina de clientes en la que ya no figuraban sólo políticos y empresarios. Colsa era ahora el joyero favorito del narcotráfico. Sus clientes más frecuentes: Rafael Caro Quintero, Pedro Lupercio Serratos, Rafael Aguilar Guajardo, Ramiro Mireles y Ernesto Fonseca Carrillo. Su joyería era también frecuentada por los comandantes federales Guillermo González Calderoni y Miguel Silva Caballero. A su debido tiempo, todos ellos iban a ocupar titulares sangrientos en los diarios.

En 1986, un comandante de la policía federal de Caminos, Fernando Ramírez, presentó al joyero con un hombre que se dijo interesado en adquirir varias piezas de lujo. Se llamaba Amado Carrillo. Y en realidad, no estaba tan interesado en las joyas. Quería contactar a los jefes policiacos con los que Colsa tenía tratos comerciales, "quería que le brindaran protección en las actividades del narcotráfico".

Amado Carrillo Fuentes tenía entonces treinta y dos años de edad y una larga experiencia en el tráfico de drogas. Solía bromear sobre su nacimiento: "A mí me cortaron el ombligo de un balazo y todavía me huele a pólvora". Lo cual, probablemente era cierto: según la biografía realizada por José Alfredo Andrade Bojorges (*La historia secreta del narco. Desde Navolato vengo*, Océano, 1999), el encargado de apadrinar el bautizo de Carrillo —celebrado en Guamuchilito, Sinaloa, en 1954— fue el célebre traficante Ernesto Fonseca Carrillo, *Don Neto,* quien amenizó la fiesta lanzando ráfagas de metralleta al aire "y haciendo que un cantante tocara la canción 'Bala perdida' en medio de balazos".

Cuando Colsa vio por primera vez al capo, la Operación Cóndor había desterrado a los grandes narcotraficantes de Sinaloa, empujándolos a la constitución del cártel de Guadalajara cuyo titular indiscutible era Miguel Ángel Félix Gallardo. Amado Carrillo figuraba entre las trece cabezas regionales que dirigían la organización. Detentaba un poder semejante al de Rafael Caro Quintero, Manuel

Salcido Uzueta, Pablo Acosta Villarreal y Juan José Esparragosa Moreno.

Su principal virtud consistía en ser persuasivo. En una sola operación compró miles de dólares en joyas y logró que Colsa entregara sin dudar los secretos de su agenda. De ese modo se acordaron reuniones a las que asistieron los comandantes Guillermo González Calderoni y Raúl Fuentes, entre otros. El joyero pudo atestiguar "cómo todos estuvieron de acuerdo en brindarle protección a Amado Carrillo, a cambio de recibir cantidades de entre cien y quinientos mil dólares, dependiendo de la cantidad de droga que se pudiera pasar".

El arreglo garantizaba el trasiego de inmensos volúmenes de enervantes. En 1986, sin embargo, muchas cosas habían cambiado para los jefes del cártel. La DEA configuraba la Operación Padrino, cuyo fin era la captura de Miguel Ángel Félix Gallardo. La presión del gobierno estadounidense se había tornado intolerable para el capo sinaloense desde que en 1985 un joven narcotraficante ebrio de dinero y poder violó las reglas no escritas del grupo —y desató, además de la propia, la desgracia de muchos de sus integrantes.

En 1985, aquel joven ebrio de dinero y poder, Rafael Caro Quintero, tenía veintiocho años de edad, quinientos millones de dólares y empresas y propiedades repartidas a lo largo de cinco estados. Era dueño de varias distribuidoras de autos y accionista en los hoteles Holiday Inn y Fiesta Americana. En un rancho de Chihuahua, once mil jor-

naleros trabajaban para él en la siembra y cosecha de mariguana sin semilla. En los cobertizos de ese rancho, un
complejo agroindustrial de alrededor de mil hectáreas, se
almacenaban, según el cálculo más conservador, tres mil
ochocientas toneladas de droga: un tesoro que los analistas de entonces valuaron en ocho mil millones de dólares
y que bastaba para saciar la demanda del mercado estadounidense durante varios meses.

Un piloto de la Secretaría de Agricultura y Recursos
Hidráulicos, encargado de llevar y traer ingenieros por la
sierra, miró desde el aire aquel oasis que contrastaba con
la monotonía del desierto. Al volver a Guadalajara comunicó el dato a unos conocidos de la judicial del estado.
Éstos le sugirieron pasar la información al consulado estadounidense: "Nosotros no podemos hacer nada". De
ese modo se firmó el derrumbe del cártel de Guadalajara: el piloto llevó en un vuelo de reconocimiento al
agente de la DEA Enrique Camarena. El 6 de noviembre
de 1984, agentes federales y militares del 35 batallón de
infantería irrumpieron en el rancho y lograron el mayor
decomiso de drogas de cuantos se habían realizado hasta
entonces en México.

Rafael Caro Quintero tenía a su servicio al jefe de grupo de la judicial del estado, Víctor Manuel López Razón.
No tardó en saber quiénes habían revelado la ubicación del
plantío. De acuerdo con una crónica, "ardió en cólera fu-
nesta". Tras una reunión con Ernesto Fonseca, acordó el secuestro del piloto, y del agente de la DEA que había dado

el soplo. Según la averiguación previa 219/85, los narcotraficantes visitaron al comandante López Razón y le pidieron al agente Gerardo Torres Lepe "para hacer un trabajito".

Enrique Camarena fue levantado el 7 de febrero de 1985 en las inmediaciones del consulado, en pleno centro de Guadalajara. Dos pistoleros de Ernesto Fonseca, José Luis Gallardo y Samuel Ramírez Razo, lo llevaron a una casa de la colonia Jardines del Bosque. Caro Quintero, descalzo y con el torso desnudo, recibió a Camarena en el estacionamiento y le pasó un brazo por la espalda. A esa hora, otros dos gatilleros secuestraban en las puertas del aeropuerto al piloto Alfredo Zavala.

Fonseca Carrillo no pudo participar en el interrogatorio de los secuestrados porque se "sentía mal". Mientras se encerraba a descansar en una recámara, Caro Quintero y los pistoleros José Luis Gallardo y Samuel Ramírez le exigían a Camarena los nombres de los informantes que trabajaban para la DEA y la lista de agentes involucrados en el gran decomiso de mariguana. Fonseca declaró más tarde que, al reponerse del malestar, salió rumbo a su domicilio. Regresó a la casa al día siguiente. Caro Quintero lo recibió con semblante agrio:

—¿A qué vienes?

—Vengo a hablar con Camarena.

—Ya no tiene caso. Se está muriendo.

"Hice el coraje de mi vida", relató Fonseca. Los secuestrados habían sido machacados toda la tarde y toda la noche. Un médico les inyectaba xilocaína para revivirlos

cada que perdían el sentido. Cuando Héctor Aguilar Ca-
mín narró la historia años después en la revista *nexos*, un
lector envió un mensaje anónimo: "Yo estuve en la tortura de Camarena. Cuánto sufriste Kiki. Perdóname". Un
sujeto apodado *El Chino* envolvió a los moribundos en
una sábana y los metió en la cajuela de un Valiant. Ahí los
golpeó hasta la muerte con una llave de cruz. Los cuerpos,
materialmente molidos, fueron inhumados en un paraje
de Michoacán.

El Padrino, Miguel Ángel Félix Gallardo, recibió también la noticia con el semblante agrio. Un colaborador le
oyó decir que "alguien tenía que comerse esa podredum-
bre y que era necesario realizar una sangría dentro del cártel". Según dicho colaborador, Félix Gallardo "decidió
preparar las condiciones para entregar a los gringos a Rafael Caro Quintero".

Caro fue detenido poco después en Costa Rica. Fonseca no alcanzó a llegar más que a Puerto Vallarta. Ambos
fueron aprehendidos con tres días de diferencia. Los problemas de Félix Gallardo apenas comenzaban: Caro y
Fonseca fueron presionados para "ampliar" sus declaraciones e involucrar al capo de capos en la muerte del agente
Camarena. En términos oficiales, que no le impedían seguir realizando vida social, Félix Gallardo se convirtió en
el narcotraficante más buscado de México.

La suma de estos hechos beneficiaba a una sola persona. Amado Carrillo lo entendió de inmediato. En 1986
entregó un soborno de un millón de dólares al coman-

dante federal Guillermo González Calderoni, jefe de la división antinarcóticos de la PGR, y un año más tarde el propio González Calderoni asesinó de un tiro en la cabeza al narcotraficante más poderoso de la frontera: Pablo Acosta Villarreal, conocido como *El Zorro de Ojinaga*. Para Carrillo, el camino se iba quedando libre de piedras.

El 8 de abril de 1989, el comandante González Calderoni se comunicó con Miguel Ángel Félix Gallardo: "No hay nada firme en tu contra, pero tenemos que hablar de tu problema". Se citaron para el mediodía en el restaurante Izao. Antes de que Félix Gallardo comprendiera lo que estaba ocurriendo, cinco agentes lo rodearon. Fue derribado de un culatazo. "Cuando estaba tirado en el suelo llegó Calderoni —relató *El Padrino* años después—. Le dije: '¿Qué pasa, Memo?' Y me contestó: 'No te conozco'".

En una caravana formada por quince agentes y cinco autos, Félix Gallardo fue conducido al aeropuerto de Guadalajara. Un par de horas más tarde, en las oficinas de la PGR de la ciudad de México, Javier Coello Trejo selló su futuro: "Usted chingó a su madre, don Miguel. Ya está en mis manos".

LAS VEREDAS DE LA SIERRA

Dos años antes de la caída de Félix Gallardo, Amado Carrillo había fundado la empresa Taxi Aéreo del Centro

Norte, que operaba en la ciudad de Torreón. Los taxis aéreos de Carrillo transportaban en realidad media tonelada de droga cada uno. La flota estaba compuesta por dos aviones Cessna, dos Sabre Liner, un Lear Jet y un Azteca Piper. De esta forma Carrillo emprendió el camino que le valió ser conocido como *El Señor de los Cielos.*

De acuerdo con su biógrafo, lo mejor que pudo pasarle fue ser detenido por el ejército en junio de 1989, mientras apadrinaba una boda en un rancho lejano de Badiraguato. Carrillo fue enviado al Reclusorio Sur, donde los principales jefes del narcotráfico purgaban condenas o esperaban sentencias. Esto le permitió "estar en el centro de las decisiones, y al mismo tiempo evitar la notoriedad".

En un documento poco conocido, el acta que la policía judicial levantó la noche en que Amado Carrillo fue entregado a la PGR, se localiza en voz del propio narcotraficante el relato sobre la fase inicial de su vida: enviado a Ojinaga por su tío y padrino, *Don Neto,* "para que conociera de cerca las actividades del narcotráfico", se había enrolado como chofer de confianza de Pablo Acosta Villarreal, *El Zorro de Ojinaga.* La primera función que se le encomendó fue la de contactar vendedores de mariguana en las rancherías de Chihuahua. La segunda: llevar la mariguana comprada a esos mismos vendedores hasta el rancho *El Suspiro,* ubicado en Ojinaga. Carrillo conoció a fondo las veredas y barrancas de la sierra (ese conocimiento sería ensalzado más tarde en un corrido) y aprendió a pasar droga al otro lado de la frontera: "Usábamos camionetas que tenían tanques de gas… simulábamos que en lugar de gasolina usaban gas, aunque en lo real iban cargadas de mariguana".

Las ganancias que el joven Carrillo obtuvo en los años que trabajó al lado de Acosta Villarreal —antes de que la relación entrara en una fase conflictiva "por un problema de tipo amoroso, ya que el de la voz andaba con una sobrina de Pablo"— fueron invertidas en la compra de aviones. Al final, Acosta fue ejecutado por el comandante González Calderoni y Carrillo se quedó "con grandes y buenas relaciones con todos los vendedores de mariguana del área de Chihuahua". De acuerdo con su confesión, a partir de 1987 abandonó las camionetas operadas con falso gas y comenzó a traficar exclusivamente por vía aérea. En poco tiempo, su flotilla transportaba en vuelos sin escalas cocaína colombiana que era almacenada en diversos ranchos de la frontera. Debió irle tan bien que a partir de 1988 los vuelos quedaron a cargo de un colaborador apodado *El Monstruo;* él sólo se limitó a aportar "los recursos materiales y económicos para la transportación".

EL NACIMIENTO DEL CÁRTEL

En 1989, tras un tortuoso historial de ceses y nombramientos —que incluía una comandancia de brigada en la División de Investigaciones para la Prevención de la Delincuencia, bajo las órdenes de Francisco Sahagún Baca—, el ex policía Adrián Carrera Fuentes se convirtió en jefe de seguridad del Reclusorio Oriente, una cárcel donde los engranajes de la corrupción arrojaban diariamente ganancias millonarias.

En su calidad de funcionario recién nombrado, Carrera fue invitado a un banquete en el Reclusorio Sur, en el que tomarían parte internos y autoridades de la Dirección General de Centros de Readaptación (DGCR). Durante el ágape, su colega, el jefe de seguridad del Reclusorio Sur, Víctor Manuel Patiño Esquivel, quiso presentarlo con "un agricultor muy rico que había ayudado en los gastos del convivio". El agricultor se llamaba Amado Carrillo.

Carrera cruzó algunas palabras con él. No volvió a recordarlo sino meses después, cuando fue ascendido a subdirector de la DGCR y tuvo que volver al reclusorio para efectuar una visita de rutina.

Ese día, el agricultor volvió a acercarse y le pidió "que no lo hicieran cambiar de celda, ya que gozaba de algunas comodidades que le eran permitidas por el jefe de seguridad, Víctor Manuel Patiño Esquivel".

"El cambio de celda no se realizó y Amado me regaló un reloj de oro marca Rolex, de color dorado, con carátula de color negro", recordó el funcionario tiempo después.

No fue un Rolex lo único que Adrián Carrera se llevó a su casa al finalizar la tarde. Una vida después, cuando los beneficios del Programa de Protección de Testigos le hicieron recobrar la memoria, aceptó que también se había llevado un finísimo Piaget de oro, con el que Miguel Ángel Félix Gallardo le agradeció "el haber accedido a que el cambio de celda no se realizara".

Amado Carrillo permaneció menos de un año en prisión. Según su biógrafo, un soborno entregado al fiscal Javier Coello Trejo lo dejó en libertad "por falta de méritos". Sus compañeros de cárcel, escribe Andrade Bojorges, "no podían creer lo que estaba pasando. Al salir por la puerta principal del Reclusorio Sur, el 9 de junio de 1990, Amado sabía que estaba destinado a ser el amo y señor del narcotráfico".

El joyero Tomás Colsa McGregor afirmó que la semilla que hizo nacer el cártel de Juárez fue sembrada en una fiesta en la que Rafael Aguilar Guajardo bautizó a un hijo de Pedro Lupercio Serratos, y a la que Amado Carrillo llegó con una escolta de cuarenta hombres. Lupercio Serratos, llamado *El Rápido* o *El Chacal,* dominaba el estado de Jalisco desde la caída de Félix Gallardo. Por su parte, Rafael Aguilar Guajardo, antiguo comandante de la Dirección Federal de Seguridad, manejaba la frontera desde 1981, en estrecha sociedad con Pablo Acosta Villarreal. Cuando el gobierno de Miguel de la Madrid desapareció a la Federal de Seguridad, la policía política del régimen, Aguilar Guajardo se pasó del otro lado de la ley y continuó administrando, ahora sin charola, el tráfico de drogas en el norte del país.

En 1992, el joyero Colsa presenció una reunión que

los tres jefes celebraron en un hotel de Cancún para aguardar la llegada de cuatro toneladas de cocaína procedentes de Colombia. El comandante Guillermo González Calderoni simuló un operativo en el aeropuerto para encubrir la descarga y escoltar el traslado. Declaró Colsa: "Abordaron tres camionetas Suburban de la PGR, llevando el control del convoy un comandante de apellido Ituarte, con aproximadamente diez agentes federales, teniendo comunicación en todo momento dicho comandante Ituarte, por el radio, con el comandante González Calderoni, quien viajaba en un Cadillac blanco convertible último modelo".

Mientras esperaban a que la cocaína fuera llevada de Cancún a la frontera, Colsa y Lupercio Serratos, acompañados por sus respectivas esposas, se pasaron unos días de juerga en Manzanillo.

Colsa viajó luego a Nueva York para comprar joyería y moverla entre los capos: Amado —relató— se interesó en un brillante de diecinueve kilates, "el cual puede ser montado en anillo y esclava". Adquirió piezas por un total de tres millones de dólares, que le pagó al joyero en efectivo. Para no quedarse atrás, Lupercio Serratos compró un lote por la misma cantidad: deseaba hacer regalos de Navidad a sus familiares, pero como andaba corto de recursos, prometió liquidar en febrero siguiente. No cubrió la deuda. Esto provocó que durante una comida Colsa le mentara la madre "y le manifestara que era un ratero".

Lupercio se limitó a encogerse de hombros. Y a continuación "le manifestó" al joyero que anduviera con cuidado: mucha gente fallecía en el norte "por andar hablando".

Dejaron de verse durante un mes, hasta que las esposas de ambos hicieron arreglos reconciliatorios. Colsa fue invitado a comer a un restaurante de Guadalajara, donde Pedro Lupercio había prometido pagar los dólares que adeudaba. Lo que hizo, en cambio, fue prepararle una emboscada. A una cuadra del restaurante, el auto de Colsa fue interceptado y acribillado con "cuernos de chivo". Su chofer perdió la vida en el ataque.

El joyero huyó de la ciudad y voló a Ciudad Juárez para pedir auxilio a sus amigos. Mientras éstos se comunicaban con Lupercio "para calmarlo y decirle que iban a enviar a una persona a arreglar sus pendejadas", Colsa notó que algo se había quebrado entre los cabecillas del grupo. Amado Carrillo y Aguilar Guajardo se miraban con recelo. No supo qué tan grave era el problema hasta cuatro días después, cuando los jefes se reunieron de nuevo en el restaurante El Rodeo. Sentado a unos metros de ellos, Colsa advirtió que discutían acaloradamente. De pronto, Aguilar Guajardo le cruzó la cara a Carrillo con una bofetada.

"Amado se dio la vuelta inmediatamente y se retiró con su escolta", recordó el joyero.

El 12 de abril de 1993, mientras vacacionaba en Cancún, Aguilar Guajardo fue masacrado desde dos automóviles por un comando equipado con armas largas.

Unos buzos que presenciaron la ejecución le acercaron un tanque de oxígeno. El narcotraficante se sintió reconfortado. Murmuró: "Ya la libré". Pero murió al minuto siguiente.

Por la ruta del AK-47, *El Señor de los Cielos* se quedaba con el control absoluto del cártel.

El retiro

El ex jefe de seguridad del Reclusorio Oriente, Adrián Carrera Fuentes, también había progresado. En 1993, por recomendación de José Francisco Ruiz Massieu, logró que el gobierno de Carlos Salinas de Gortari lo designara director de Aprehensiones de la Policía Judicial Federal. El país se hallaba conmocionado por el homicidio del cardenal Juan Jesús Posadas Ocampo y el reacomodo que, en medio de la persecución contra Joaquín Guzmán Loera y los hermanos Arellano Félix, sufrían los cárteles mexicanos.

La prensa recordaría ese tiempo como "el año del cártel de Juárez": los días en que Amado Carrillo vislumbró como nunca la posibilidad de convertirse en líder de la organización criminal más poderosa de México. A través de un viejo conocido, el ex jefe de seguridad del Reclusorio Sur, Víctor Manuel Patiño Esquivel, buscó una entrevista con el hombre al que años antes había sobornado con un Rolex de oro.

El encuentro se llevó a cabo en el restaurante Las Espadas, de la calzada de Tlalpan, entre cortes argentinos y botellas de X-O. Adrián Carrera acudió a la cita sin escoltas: Amado Carrillo, acompañado por seis personas que fueron presentadas como "de confianza". Antes de que el mesero acercara los cortes humeantes, *El Señor de los Cielos* pidió para su grupo la protección de la PGR. Carrera se disculpó. "Tenía poco tiempo en la policía" y "no podía tomar decisiones que sólo corresponden al director general de la corporación".

—Lo mejor es esperar a que los jefes me tengan confianza —dijo.

—Apóyeme en lo que pueda —insistió Carrillo. Un lugarteniente puso en manos del jefe policiaco un portafolios con "cien mil dólares estadounidenses".

Dos meses después Carrera fue ascendido a director general de la Policía Judicial. Su primer acto oficial consistió en nombrar como director operativo de la corporación al hombre por cuyos oficios había entrado en contacto con Amado Carrillo: Víctor Manuel Patiño Esquivel.

Este colaborador se le acercó una noche para decirle que el narcotraficante deseaba verlo de nuevo. La declaración ministerial de Carrera (causa penal 25/99) señala que la entrevista se llevó a cabo en una casa del Pedregal. En esta ocasión, el capo exigió algo más que apoyo: deseaba que Carrera designara como subdelegados de la PGR a las personas que él iba a indicarle; deseaba un comando de agentes judiciales "para que lo protegieran y le sirvieran de escoltas". El director general volvió a disculparse: nada podía hacer en el asunto de los subdelegados, "pues carecía de facultades para ello". En cambio, accedió a proporcionarle varios agentes antinarcóticos y se comprometió "a no perseguirlo, y a no mandar ningún operativo desde la ciudad de México para dejar que siguiera trabajando".

Carrillo sonrió complacido. Le ordenó a uno de sus acompañantes, *El Doctor,* que comprara el Cadillac "más lujoso y equipado", y se lo entregara al funcionario.

—¿De qué color quiere el carro? —preguntó *El Doctor.*

—Guinda —respondió Carrera Fuentes.

El capo volvió a sonreír. Antes de despedirse, puso en manos del policía una pequeña maleta. Contenía "trescientos mil dólares estadounidenses".

El Cadillac llegó al poco tiempo, con los atentos saludos de Amado Carrillo. Un mes después, hubo otra invitación. *El Señor de los Cielos* esperaba a Carrera en un edificio de departamentos ubicado en Las Lomas. Se lee en la declaración ministerial: "Amado Carillo le manifestó al declarante que lo había mandado llamar porque se había enterado de que se encontraba enfermo, a lo cual el declarante manifestó que sí se encontraba un poco enfermo, y fue ante esto que Amado Carrillo manifestó que había traído un médico de Suiza y que dicha persona estaba utilizando un tratamiento muy costoso que servía para limpiar las células y regenerar las arterias, y que era una oportunidad única, porque la otra era ir a Suiza y pagar muchísimos miles de dólares, por lo que deseaba regalarle el tratamiento".

Lo único que Carrera debía hacer era "practicarse unos análisis en algún laboratorio para que, cuando el médico llegara, supiera exactamente qué era lo que tenía que combatir".

El tratamiento fue aplicado en una habitación del Hotel Radisson, reservada a nombre del director de la judicial. Carrera Fuentes aguardó un rato en la habitación vacía, hasta que alguien tocó a la puerta. "El médico no era suizo, sino mexicano. Iba acompañado por una mujer que dijo ser su esposa [...] Sacaron de una hielera unas vacunas y procedieron a aplicar al de la voz como treinta inyecciones, quince en cada glúteo, y le indicaron que el tratamiento era para limpiar el organismo." Cuando la sesión terminó, Carrera cerró los ojos, guardó reposo durante tres horas, durmió bajo el manto protector del hombre que para entonces se había convertido en el mayor narcotraficante de México.

El 24 de noviembre de 1993, un comando de los hermanos Arellano Félix intentó destrozar aquel manto. Los cárteles de Tijuana y Juárez llevaban años pateándose bajo la mesa. Los Arellano jurarían después que Amado Carrillo había informado a las autoridades que Benjamín y Ramón se hallaban en la ciudad de México, sosteniendo una entrevista con el nuncio apostólico Girolamo Prigione. Se trataba de aquella entrevista en la cual los jefes de Tijuana intentaron deslindarse del asesinato del cardenal Posadas

Ocampo. Una decisión política impidió que fueran aprehendidos: el procurador Carpizo quiso evitar, en la nun-
ciatura, "un baño de sangre". Esa misma decisión hizo que
en Tijuana arreciara como nunca el sonido de los tambo-
res de guerra.

El 24 de noviembre, mientras Amado Carrillo cenaba con su esposa y sus hijos en el restaurante de mariscos Bali Hai, de la avenida Insurgentes, el comando enviado por los Arellano intentó traspasar las puertas del
lugar. Carrillo, dice su biógrafo, solía utilizar un sistema
de seguridad aparatoso, pero efectivo. Un doble muro, a
cargo de dos células compuestas por tres elementos, custodiaba la entrada. Otro doble muro, escoltado por dos
automóviles blindados, guardaba la salida. El comando
del cártel de Tijuana, formado por policías judiciales bajo
las órdenes del comandante José Luis Larrazolo, se estrelló contra los policías judiciales que, bajo las órdenes del
comandante Alcides Ramón Magaña, *El Metro,* custo-
diaban a *El Señor de los Cielos.* El resultado fue un reguero de muertos. Carrillo y su mujer lograron escapar por
una de las ventanas del baño. Semanas después, el capo
contaba a uno de sus compadres, el piloto aviador Manuel Bitar Tafich:

—Mi hijo Juan estuvo escondido en la azotea del edificio hasta el día siguiente. De no ser porque *El Metro* se
portó como un hombre, ninguno de nosotros habría podido salvarse.

El Metro era uno de los federales que Carrera Fuentes

había destinado a la protección del capo. Su premio fue la plaza de Cancún, donde los sobornos entregados al gobernador priista Mario Villanueva le permitieron conformar el llamado cártel del Sureste, una prolongación del cártel de Juárez.

Desde la balacera del Bali Hai nada iba a proteger por mucho tiempo a *El Señor de los Cielos*. Aunque en México no existían cargos serios en su contra (una orden de aprehensión por portación de armas y otras zarandajas por el estilo), su nombre comenzó a figurar cotidianamente en diarios, revistas, la radio y la televisión. Carrillo se acostumbró a cambiárselo: un día se llamaba Juan Antonio Arriaga Rangel. Otro, Fernando Flores. Otro más, Juan Carlos Barragán, o Jorge Martínez o Juan Carlos Barrera. Aunque su poder seguía creciendo, se había vuelto una obsesión para la DEA. Consumado el sexenio de Salinas de Gortari, en el que su cártel vivió años dorados, Carrillo se convirtió en un dolor de cabeza para el gobierno de Ernesto Zedillo. En 1996, Estados Unidos solicitó su extradición bajo veintidós cargos criminales. La detención en febrero de 1997 del zar antidrogas Jesús Gutiérrez Rebollo, general al que Amado Carrillo había entregado dinero, autos, mujeres, departamentos, y la encomienda de desmantelar al cártel de los Arellano Félix, representó, con los matices necesarios, el eclipse de la protección institucional de que había gozado durante años. Manuel Bitar Tafich solía preguntarle: "¿Por qué no se retira de todo esto?"

Carrillo respondía: "Yo no sé hacer otra cosa. Y no le

veo nada de malo. Es más ingrato el que se roba el dinero en México y se lo lleva a Suiza. Yo, por lo menos, hago que el dinero regrese en los mismos aviones que se llevan la droga".

En una de sus declaraciones ministeriales, el ex director de la Policía Judicial Federal, Adrián Carrera, afirmó que al menos desde 1993 Carrillo estaba en tratos "con unos generales". Dichos tratos le costaron a los generales Jorge Maldonado Vega, Arturo Acosta Chaparro y Francisco Quirós Hermosillo una estancia de varios años en la cárcel. El reportero Ricardo Ravelo estima que el capo gastaba en protección unos cincuenta millones de dólares mensuales. Vivía, en realidad, a salto de mata. Luchaba por alcanzar un arreglo con el gobierno mexicano: pedía que lo dejaran traficar a cambio de no vender un solo gramo de cocaína en México; ofrecía terminar con la violencia entre los cárteles y ceder la mitad de sus ganancias al Estado. En 1997 comprendió que tenía que desaparecer. A mediados de ese año, durante un viaje a Chile, Bitar Tafich volvió a preguntarle:

—¿Y cuándo se retira por fin?

El capo contestó:

—Me siento un poco cansado. Créame que ya lo estoy preparando.

En julio de ese año el doctor Ramón Pedro López Saucedo ingresó en el Hospital Santa Mónica de la ciudad de México a un paciente identificado como Antonio Flores Montes, de cuarenta y un años. Iba a aplicarle una cirugía plástica verdaderamente agresiva: cambio de nariz, prótesis de mentón, liposucción de abdomen y tórax, modificación de párpados y cambio de color en los ojos. Todo en una sola sesión.

La operación, en la que estuvieron presentes cinco médicos, comenzó a las 9:30 y terminó ocho horas después. Un equipo de seguridad custodiaba la sala de operaciones. Después de pasar un tiempo en recuperación, Flores Montes fue conducido a la suite 407. A las 23:30 horas, el médico de guardia lo encontró consciente, y reportó sus signos vitales como normales. Al poco tiempo el paciente se quejó de dolores intensos y demandó que se le administrara un analgésico. Según el fiscal Mariano Herrán Salvati, "en contra de la más elemental de las técnicas de la medicina", los médicos que lo atendían le aplicaron una dosis de Dormicum.

Al día siguiente, exactamente a las 6:06, alguien descubrió que Flores Montes había muerto. "Presentaba vidriasis, hipotermia y palidez cadavérica." Los intentos por resucitarlo fueron inútiles. En la habitación contigua, Vicente Carrillo se levantó de la cama y fue a averiguar lo qué ocurría. Los médicos percibieron en sus ojos un brillo amenazante. Cuatro meses después, tres de ellos aparecieron "entambados" en la carretera México-Acapulco: los cuerpos presentaban quemaduras en el pecho y los muslos. A una de las víctimas le habían vendado el tórax con cinta adhesiva, "con la finalidad de evitar el desprendimiento muscular producido por los golpes".

Flores Montes fue llevado a una modesta funeraria de la colonia Juárez, desde donde se le despachó en un vuelo comercial a Culiacán. El féretro todavía estaba en el aire cuando la PGR recibió la noticia: el dolor de cabeza había terminado.

Viento rojo

UNO

—EN TIJUANA nadie mata de gratis —dijo Alejandro Hodoyán Palacios en la celda donde lo estaban interrogando—. Todas las muertes tienen una causa, aunque muchos no la sepan.

Tal vez por eso en el narcotráfico lo único cierto son los muertos: miles de cadáveres que llegan a los cementerios sin que pueda saberse en qué momento exacto se metieron en éstos.

Probablemente, el doctor Ernesto Ibarra Santés sí lo supo. Debió saber que iba directo al cementerio desde la noche de 1995 en la que estacionó su auto frente a un edificio de Bosques de las Lomas y cruzó la puerta del número 215 de Sierra Chalchihuí. Debió saberlo cuando *El Mayo* Zambada dijo:

—Amado, éste es el doctor del que te he platicado.

A partir de ese momento, su vida dejó de pertenecerle.

Amado Carrillo se puso en pie y le estrechó la mano. Ibarra Santés, un médico traumatólogo que había llegado a la PGR de la mano de Ignacio Morales Lechuga, era en ese tiempo subdelegado en Tijuana. Acababa de ser comisionado para poner en marcha el Operativo Alacrán, la embestida que el procurador Antonio Lozano Gracia iba a dirigir contra el cártel de los Arellano Félix.

Uno de los testigos de la reunión celebrada aquella noche, el ex comandante federal José Jaime Olvera —a la sazón, chofer y escolta de Amado Carrillo—, relató que el encuentro había sido pactado para que Amado y *El Mayo* obtuvieran la ayuda del subdelegado en la sangrienta lucha que, por el control de rutas y territorios, habían entablado con los traficantes de Tijuana.

Carrillo ofreció asiento al doctor. Le dijo:

—Sabemos que está preparando un operativo importante. ¿En qué podemos ayudarlo?

Ibarra indicó: "Con dinero". Dinero para comprar aparatos de intercepción telefónica, "unas máquinas portátiles que son de lo más sofisticado, y que cuestan diez mil dólares cada una". Dinero para comprar dos camionetas "y poder montar en ellas los equipos".

Esa tarde, en el suntuoso departamento donde Amado Carrillo despachaba, ciento cincuenta mil dólares cambiaron de manos. Iban en fajos perfectamente alineados en un portafolios negro. El subdelegado Ibarra sabía que los crímenes perfectos habían terminado con la invención del teléfono. En enero de 1996, la compulsión de mantener contacto telefónico con familiares, socios y amigos terminó por labrar la ruina de Juan García Ábrego. El teléfono era el peor enemigo de los traficantes. Y sin embargo, ninguno de ellos resistía la tentación de emplearlo.

Ibarra adquirió los equipos y las camionetas. Los primeros resultados de la investigación fueron entregados un mes después. En una casa ubicada en la salida a Cuernavaca, durante una fiesta a la que habían concurrido varias jóvenes brasileñas, Ibarra entregó un sobre que contenía la transcripción de varias llamadas telefónicas. Los protagonistas eran los hermanos Arellano. Carrillo guardó el documento y señaló a las brasileñas:

—Escoja a la que quiera o a las que quiera, porque son para usted.

En la declaración ministerial que hizo que su cuerpo fuera encontrado una mañana de 1999 con un tiro en la cabeza y huellas de ahorcamiento, Olvera, el chofer de Amado Carrillo, relató que a partir de entonces el subdelegado entregó con regularidad sobres que contenían transcripciones. Una vez recibió cincuenta mil dólares por sus servicios; otra, una maleta con doscientos mil.

En septiembre del año siguiente, el comandante federal Eduardo Mancera, otro policía al servicio del narcotráfico, le informó a Amado:

—El doctor Ibarra Santés pide una cita.

—¿Qué es lo que me trae? —preguntó Carrillo.

Mancera respondió:

—Un informe sobre Ramón Arellano. Dice que ya lo tiene corto.

—Mándale diez mil dólares para que se venga.

A la noche siguiente, el subdelegado, acompañado por dos escoltas, abordó un avión: actuó como si ignorara que la invención del teléfono había puesto fin a los crímenes perfectos: también los Arellano Félix tenían su propio equipo de intercepción telefónica.

Lo que sucedió después iba a ocupar, al día siguiente, la primera plana de los diarios. Ibarra salió del aeropuerto y abordó un taxi. Dos días antes de partir, en una entrevista con el reportero Francisco Gómez, había asegurado que traía en la cuerda a más de doscientos cincuenta socios y cómplices del cártel de Tijuana. "Sabemos quiénes son, donde están sus casas, quiénes son sus prestanombres, quiénes lavan el dinero. Esperamos que caigan de un momento a otro", dijo. Agregó: "Aquí todos los conocen y les temen y nadie se atreve a llegar hasta ellos. Pero yo tengo una orden y la voy a cumplir".

En los mentideros de la PGR se decía que la obsesión del doctor Ibarra por los Arellano Félix había iniciado en La Mesa de Tijuana la noche de 1994 en que *El Tigrillo* Arellano, el menor de los hermanos, abatió en un enfrentamiento al comandante Alejandro Castañeda: el mejor amigo, el compadre de Ibarra. El subdelegado se había concentrado desde entonces en documentar las actividades del grupo. Sabía que Benjamín Arellano se ocupaba de las finanzas y las relaciones con los colombianos, que Ramón tenía a su cargo el brazo armado de la organización, que *El Tigrillo* manejaba a los pasadores de droga y que Eduardo se encargaba de lavar el dinero recaudado. Tenía en la mano nombres, domicilios y relaciones familiares de los narcos que integraban el Consejo de Jefes. En una racha de buena suerte había incautado treinta residencias que pertenecían al grupo. Pero los Arellano resultaban un hueso difícil de roer. Sucesivamente, los operativos terminaban en fracaso.

El taxi en que viajaban Ibarra y sus escoltas enfiló por Circuito Interior; corrió luego por Insurgentes. En la esquina de Valentín Gómez Farías, a unos pasos del Monumento a la Revolución, un Cutlass azul le cerró el paso. La policía contó cuarenta perforaciones de AK-47 en los vidrios y las portezuelas del taxi, y nueve en el cuerpo del doctor Ibarra. La operación había durado menos de un minuto. En la cajuela del taxi había setenta mil dólares cuya procedencia el procurador Lozano no pudo explicar.

Amado Carrillo departía esa noche con una ex Señorita Jalisco a la que presentaba como su novia. Un telefonazo le notificó la ejecución. De acuerdo con José Jaime Olvera, la noticia arrancó al capo algunas lágrimas. Con la mandíbula apretada, y los labios convertidos en una línea, pidió que lo enlazaran con el comandante José Méndez Rico, *El Viejito,* alto directivo del Instituto Nacional para el Combate a las Drogas, INCD: un policía de la vieja guardia al que Carrillo había encomendado la protección terrestre de los cargamentos de cocaína que entraban por los principales aeropuertos del Pacífico. Cuando *El Señor de los Cielos* tuvo a *El Viejito* del otro lado de la línea, giró esta instrucción:

—Investígueme quiénes mataron al doctor. Y si puede, tráigamelos a los hijos de la chingada.

DOS

Los asesinos de Ibarra Santés fueron cayendo en el curso de las tres semanas siguientes. A Alfredo Hodoyán Palacios, alias *El Lobo,* y a Emilio Valdez Mainero, *El CP,* los detuvieron en un barrio residencial de San Diego. A Francisco Cabrera Castro, alias *El Piedra,* y a Gilberto Vázquez Culebro, alias *El Cachuchas,* en una madriguera de la ciudad de México.

A excepción de Cabrera Castro, gatillero contratado en Tepito, el resto de los hombres formaba parte del brazo armado conocido como los *narcojuniors,* un afluente del cártel de Tijuana que era lidereado por el sicario más peligroso de la organización, Fabián Martínez, *El Tiburón.*

De éste había dicho uno de sus cómplices: "No cualquiera se avienta a matar a un federal. *El Tiburón* sí. Es su especialidad. Es muy peculiar. Siempre anda con una gorra. Y cuando va a tirar agarra la gorra y se la voltea. Ésa es su maña. Tiene fama de hacer eso. O sea, cuando *El Tiburón* se voltea la gorra, corres, hasta donde puedas, nomás corres, porque va a tirar".

La confesión de Cabrera Castro reveló que los gatilleros habían contado con la complicidad de un equipo de agentes federales: cuando el subdelegado descendió del avión, el comandante Jorge García Vargas (subdelegado del INCD en Tijuana), "y otro comandante de apellido Granados", avisaron desde un teléfono público al grupo de sicarios:

—El doctor acaba de llegar. Viene con otros dos.

Cabrera se reportó entonces con *El Tiburón* quien, "apoyado por un militar", puso en movimiento al comando ejecutor.

Tres días antes de la emboscada, militares adscritos a la V Región Militar, a cargo del general Jesús Gutiérrez Rebollo, habían detenido en Tijuana a Alejandro Hodoyán Palacios, hermano de uno de los sicarios que el 14 de septiembre asesinarían a Ibarra.

Los militares subieron al detenido a un avión, y lo llevaron a un campo militar. En un documento de nueve cuartillas que meses después fue entregado a los medios, Hodoyán recordó lo ocurrido de este modo: "Me acostaron boca arriba y me forzaron a tomar un líquido muy amargo y picoso. Me sentí mareado y me puse como tonto. Empezaron a interrogarme sobre los hermanos Arellano, *El Mayel, El Tiburón* y su gente, y sobre particulares de una balacera en la que habían perdido la vida dos militares y un policía o licenciado [...]. Durante ese interrogatorio me dieron patadas y golpes y al final me empezaron a quemar con encendedores los dedos de pies y manos...

me pusieron una funda de almohada sobre la cabeza, acostado yo en la cama, una persona sobre mi cuerpo y otra sobre mis piernas. Tenía los brazos esposados a la cabecera, y los pies al pie de la cama. Empezaron a echarme agua en la boca. Yo, con la funda de almohada en mi rostro, sentí que me ahogaba. No podía respirar. Apenas me dejaban hacerlo para que no me les fuera".

Hodoyán no se les fue. Siguió clavado a esa cama hasta que entendió que la única forma de salir con vida era revelando a los militares las tripas, las entrañas, los secretos del cártel. Frente a la cámara de video que registró su larga, inquietante confesión, Hodoyán dijo que en 1989, a la caída de Miguel Ángel Félix Gallardo, los principales jefes del narco se reunieron en Acapulco para dividirse el país. El acuerdo fue simple: "una ciudad para cada uno". Sin embargo, "ya repartidos, nadie respetó el acuerdo y todo mundo quiso meterse en el territorio del otro. Por eso comenzaron las matanzas".

Los Arellano, que habían quedado al frente de Tijuana, se asociaron con *El Mayo* Zambada, que pertenecía al grupo encargado de la plaza de Sinaloa. La alianza entre estas organizaciones garantizaba el control de las principales rutas del Pacífico. Benjamín Arellano y *El Mayo* Zambada se entendieron a la perfección. "Zambada apadrinó a una de las hijas de Benjamín", dijo Hodoyán.

Entonces vino la traición.

Para traficar en Tijuana y Mexicali, *El Mayo* debía pagar "derecho de piso". No lo pagó. Cuando su deuda pasó de veinte millones de dólares, prefirió romper relaciones con su compadre Benjamín y unirse a la organización que comandaba el entonces desconocido Joaquín Guzmán Loera, alias *El Chapo*.

TRES

En la historia secreta que narraba Hodoyán, el responsable de los muertos que llegaban en fila a los cementerios no era otro que *El Chapo*. "Fue el primero en romper los acuerdos. Mandó a *El Rayo* López a meterse a Tijuana", dijo. Tres lustros más tarde, otro narcotraficante, *La Barbie,* revelaría los rasgos distintivos de *El Chapo:* la ambición y la envidia.

Según Hodoyán, la llegada de *El Rayo* López fue el preludio de lo que vino después. El viento rojo, los años en que corrió la sangre. Frente a la cámara, Hodoyán recordó: "Fue durante el bautizo de una hija de Benjamín. *El Rayo* venía a pedir permiso para trabajar en Tijuana; llegó a la fiesta, al bautizo, y estaba tomado y coco y todo loco. Y venía con una muchacha. Salieron a verlo todos los jefes. *El Rayo* decía: Pinche escuincle, por qué no me invita a la fiesta. Los demás le decían: Cálmate, que Ramón se va a enojar. Y por fin salió Ramón y al salir por la puerta nada más hizo así, pau, y le tiró aquí y allí lo dejó muerto. Ramón corrió al carro, le gritó a la muchacha: Bájate puta, y se subió él: se puso a manejar la *pick up* y se llevó a *El Rayo* para el rumbo de Otay… para la Mesa de Otay: se lo llevó, y después lo tiró cerca del Tecnológico de Tijuana".

Tiempo después, *El Chapo* aceptó que la muerte de *El Rayo* le había partido el alma —"era como mi hermano"— y que a partir de esa muerte se habían desatado las otras, los dieciséis mil muertos que el narcotráfico arrojó durante los sexenios de Carlos Salinas de Gortari y Ernesto Zedillo.

CUATRO

Ramón Arellano tenía la oscura fama de ser el más violento del clan. "Donde hay peligro se mete Ramón —dijo Hodoyán—. Siempre tiene que estar haciendo algo. En el 89 o 90, estábamos en una esquina sin tener nada qué hacer y nos decía: Chingue a su madre, vamos a matar a alguien."

Agregó: "Ramón es tan violento que una vez, en una calle de Tijuana, asesinó a un hombre que le pidió que le bajara el volumen a su radio. Y es que en Tijuana matar es una feria, una diversión. Ningún remordimiento ni nada, se ríen después de un asesinato, se van a comer langosta a Rosarito, puro desmadre, así es la cosa".

Era imposible que Ramón Arellano olvidara la traición de *El Mayo*. Ubicarlo se convirtió en una prioridad para el cártel.

Hubo una oportunidad, a fines de 1993. Lino Quintana, lugarteniente de Ramón Arellano, se enteró "por un contacto" que *El Mayo* Zambada estaba hospedado en una casa de seguridad de Tijuana. Esa misma tarde, cuatro hombres armados, y hasta el tope de droga, abordaron un auto y salieron a encontrarlo. Más tarde se les identificó como Fausto Soto Miller, Pedro "N", Juvenal "N" y el propio Quintana.

Cuando se acercaban a la casa señalada, advirtieron que *El Mayo* venía circulando en sentido contrario. Juvenal le ordenó a Pedro, que iba al volante, que se lanzara tras él. Pero Soto Miller creyó que era mejor "no hacer mucho desmadre en la vía pública".

—Pregúntenle a Ramón qué hacer —les dijo.

Juvenal se negó:

—Vamos por él ahora.

Pedro insistió:

—No. Se va a armar un desmadre.

Entonces Juvenal desenfundó una pistola:

—Me obedeces o te chingo.

Pedro no obedeció. Recibió un tiro en la sien y se quedó doblado, sangrando contra el volante (Juvenal fue sometido a consejo de guerra por este asesinato; los jefes decidieron castigarlo con la muerte; Lino Quintana recibió la orden de meterle, a él también, un tiro en la cabeza).

Entre esa fecha y finales de 1994, los Arellano lanzaron tres operativos más contra Ismael *El Mayo* Zambada. Para desgracia de ellos, ninguno funcionó. Sólo consiguieron que el odio y la guerra se recrudecieran.

CINCO

Había un segundo frente abierto: Ramón aseguraba que el cártel de Juárez les había tendido una trampa. Responsabilizaba a Amado Carrillo de haber trazado la extraña ingeniería que hizo que una mañana de 1993 *El Chapo* y los Arellano se encontraran en el aeropuerto de Guadalajara. Creía que Amado era el causante de la balacera que había cobrado la vida del cardenal Posadas Ocampo.

Relató Hodoyán: "La gente de la PGR que tenían comprada, trabajando con ellos, les pasó a los Arellano la información de que *El Chapo* iba a estar en el aeropuerto. Y a *El Chapo,* sus contactos en la PGR le dijeron que Benjamín iba a estar ahí, que iban a estar en el aeropuerto los Arellano. Los Arellano han averiguado que fue Amado Carrillo el que movió sus palancas en la PGR; el que hizo llegar información a los agentes de ambos bandos para que dijeran que [*El Chapo* y los Arellano] iban a estar ahí, para que coincidieran los dos grupos. Pero les tocó la mala suerte de que también estuviera el cardenal".

La versión parecía arrancada de un filme de Tarantino. No obstante, también a Amado Carrillo se la tenían jurada. El 21 de mayo de 1996, en Los Mochis, la suerte abandonó a Álvaro Osorio Osuna, *El Nahual,* un sicario de los Arellano Félix que tres años antes había participado en el asalto del restaurante Bali Hai, que tuvo como fin la ejecución de Carrillo. *El Nahual* reveló que en compañía de un grupo de gatilleros *(El Lichi, El Roque, El JC, El Gastón, El Negro* y *El Telúrico,* entre otros) había viajado a la ciudad de México "para hacer un jale": un trabajo en el que Ramón estaba muy interesado. Los sicarios permanecieron en una casa de seguridad a la que los habían llevado con los ojos vendados, y durante diez días se dedicaron a consumir alcohol y cocaína. Finalmente, un sujeto conocido como *El Boni* llegó con trece armas largas y órdenes precisas de Ramón Arellano:

—Vamos a chingar a Amado.

A bordo de una Ichy Van se dirigieron al restaurante de mariscos de la avenida Insurgentes, donde Amado Carrillo cenaba con su familia.

"Dos entran primero. Cuando nos den la señal, los otros bajamos disparando", dijo *El Boni.* Un grupo de agentes federales les serviría de muro.

A Carrillo le gustaba el Bali Hai. Los meseros más antiguos lo recordaban como un hombre que siempre andaba de prisa y que pagaba la cuenta en dólares antes de que le sirvieran los platos. "Siempre había a su alrededor varias personas, cuidándolo."

Carrillo esperaba esa noche al narcotraficante Ramón Salazar. Los escoltas Alcides Ramón Magaña, Juan Carlos Pérez Zúñiga y Adán Segundo Pérez Canales, cenaban en una mesa cercana. Otros cinco guardaespaldas, metidos en un Grand Marquis, vigilaban la calle y la puerta.

A las diez de la noche, el comando enviado por Ramón irrumpió en el Bali Hai. Los primeros en caer fueron los escoltas Rosario López, Alejandro Murillo y José Romero. La siguiente víctima: un arquitecto que esperaba a que el *valet parking* le entregara su auto (los sicarios lo confundieron con Carrillo).

Mientras Alcides Ramón Magaña, Pérez Zúñiga y Adán Segundo repelían la agresión, *El Señor de los Cielos* huyó del lugar bajo la protección de Ignacio Godínez y Óscar Pérez Campos.

Esa noche, la violencia del narcotráfico sacudió por vez primera a la ciudad de México. Carrillo creía que ahí había comenzado "la salación". Los Arellano se la habían echado encima mucho antes, con las balas que llevaron al Semefo el cuerpo masacrado del cardenal Posadas.

SEIS

Hodoyán llevaba tres días encapuchado en el campo militar, cuando llegó la noticia de que Ernesto Ibarra Santés había sido ejecutado. Los militares entraron a su celda vociferando. Le exigieron que dijera "quién podía haber matado al doctor". Le preguntaron, también, si conocía a los comandantes Granados y García Vargas.

"Respondí que sí, pues tenía entre mis pertenencias sus números telefónicos. Ellos, al parecer, eran los que habían avisado a Francisco Cabrera Castro, *El Piedra,* de la llegada de Ibarra."

Hodoyán escuchó entonces que un militar de alto rango ordenaba:

—Vayan por ellos e investíguenlos a los hijos de su puta madre.

Una semana después, el cadáver del comandante García Vargas apareció en una calle de Cuajimalpa. Lo hallaron unos vecinos dentro de una Ram Charger que goteaba sangre, junto a cuatro cuerpos que presentaban huellas de tortura y estrangulamiento por cable.

La V Región Militar, tan interesada en vengar la muerte de Ibarra Santés, y dirigida por el general Jesús Gutiérrez Rebollo, era en realidad un escudo que ocultaba las operaciones del grupo conocido como Los Arbolitos, una organización pagada con recursos del cártel de Juárez —e integrada por militares, judiciales estatales y agentes federales—, cuya función consistía en borrar del mapa a los adversarios de Carrillo.

Declaraciones rendidas por varios militares ligados a Gutiérrez Rebollo (entre ellos Humberto Capeletti, Juan Galván Lara y Ricardo Cesáreo Vázquez Tafoya), indican que las actividades de Los Arbolitos eran sufragadas por Eduardo González Quirarte, alias *El Flaco,* un prestanombres y administrador de bienes de *El Señor de los Cielos,* con altas relaciones en el gobierno de Jalisco.

El grupo contaba con cuarenta miembros que se ostentaban como agentes federales, poseían aparatos de intercomunicación e intercepción de llamadas, y se transportaban en unidades blindadas con logos de la PGR.

"Realizaban detenciones de presuntos narcos, los interrogaban y finalmente los entregaban a Gutiérrez Rebollo en las instalaciones de la V región militar", precisó un testigo.

Los "presuntos narcos" que Los Arbolitos andaban cazando solían pertenecer al clan Arellano. Eran narcotraficantes con asuntos pendientes en Tijuana, Mexicali y Ensenada. Los Arbolitos, en realidad, eran el grupo que hacía trabajo sucio en beneficio de Amado Carrillo. "González Quirarte pagó varios operativos realizados en Baja California y Chihuahua. Se hizo cargo de la alimentación y el alojamiento de los militares que participaron en ellos", dijo el testigo.

El 22 de julio de 1996, uno de los brazos que integraban Los Arbolitos fue emboscado cuando circulaba por la avenida Vallarta, en Guadalajara. Las ráfagas hicieron caer, entre otros, a Carlos Castellanos Álvarez, a quien luego se identificó como lugarteniente de Eduardo González Quirarte. La PGR afirmó que la operación había sido dirigida por el célebre asesino de Tijuana, Fabián Martínez, *El Tiburón,* quien había contado con la colaboración de Alfredo Hodoyán Palacios, alias *El Lobo.*

Esa ejecución provocó que el hermano de *El Lobo,* Alejandro Hodoyán, fuera detenido por Gutiérrez Rebollo en Agua Caliente. "Me confundieron con mi hermano —dijo Alejandro—. Insistieron en que mi nombre era Alfredo, alias *El Lobo.* Me dijeron que eran militares y que con ellos no se jugaba. Que ellos sólo habían estado haciendo su trabajo cuando fueron atacados por narcos al mando de Ramón Arellano, y que la misma gente había matado al doctor Ibarra. Me dijeron que yo iba a morir, que me responsabilizaban de la muerte de las personas mencionadas."

Hodoyán había nacido en San Diego. El hecho de poseer la nacionalidad estadounidense, y el escándalo que su madre había montado en los medios luego de su secuestro, impidieron que sus secuestradores lo eliminaran. "Los veía nerviosos. Por razones que yo desconocía se querían deshacer de mí. No me podían matar, porque ya mi 'rollo' se había hecho muy grande", escribió.

El 15 de diciembre de 1996, la DEA le ofreció protección. El único requisito: que Hodoyán confesara por escrito que era narcotraficante.

El 11 de febrero de 1997, los militares lo llevaron al aeropuerto de Toluca, donde fue entregado a la agencia estadounidense. En un hotel de San Diego, el agente Gonzalo Curiel le mostró las cartas: o convencía a su hermano *El Lobo* de que proporcionara información que permitiera la captura de Ramón Arellano y *El Tiburón,* o la DEA, simplemente, le retiraba toda oferta de protección:

—Te dejamos libre. Te ponemos en la calle. Pero tengo información de que los Arellano te mandaron matar, de que hay un contrato contra tu vida que va a ser ejecutado por integrantes de la banda Logan.

Fue por esos días cuando Alejandro Hodoyán escribió el documento que hizo circular en los medios. No llegó a ningún acuerdo con la DEA. La amenaza de Curiel se cumplió: el 5 de marzo de 1997, poco después de ser liberado, de regreso en las calles de Tijuana, Hodoyán fue secuestrado por un grupo de hombres armados. No volvió a saberse de él. Cinco testigos afirmaron que entre los autores del secuestro habían podido identificar a Ignacio Weber Rodríguez, funcionario de inteligencia del INCD. Weber fue procesado, pero salió libre. Durante el último careo, la madre de Hodoyán le gritó:

—¡Tú te lo llevaste!

COLOFÓN

10 de febrero de 2002. Ramón Arellano corre por una acera de la Zona Dorada, en Mazatlán. Trae el cabello a rape, una camisa a cuadros, unas bermudas beige. Son las diez treinta de la mañana. Si *El Mayo* hubiera estado en los helados Bing, como le habían informado, todo sería distinto. Pero Ramón no había podido localizar en la heladería a su mortal enemigo, y ahora cuatro agentes ministeriales corren tras él con las armas desenfundadas.

Un minuto antes, Ramón le había pedido a su chofer que condujera en sentido contrario por la calle Rodolfo T. Loaiza. Una patrulla ministerial advirtió la infracción, descubrió que el auto iba lleno de armas y decidió marcarle el alto. Ramón le ordenó al conductor que no parara, que entrara en el estacionamiento del Hotel Plaza Gaviotas, ubicado varios metros adelante. No alcanzaron a llegar hasta el hotel. Tuvieron que bajarse del auto.

Con una .45 en la mano y cuatro cargadores en la cintura, Ramón Arellano Félix corre por la calle Bugambilias. Está por comenzar el primer desfile del carnaval. El sudor que le baja por la frente comienza a picarle los ojos. Ramón corre por Bugambilias, pero el agente ministerial Antonio Arias lo cerca. Quedan diez o quince segundos antes de que todo termine. Ramón ensaya una última jugada. Exhibe un gafete de federal, se identifica ante su perseguidor:

—¡PGR!

Y después dispara. Dispara porque ha aprendido que matar es una feria.

Arias cae herido, pero alcanza a jalar el gatillo de su Smith & Wesson. El tiro le atraviesa la nuca al hombre que escapa. Son las diez treinta de la mañana. Está por comenzar el primer desfile del carnaval. Un hilo de sangre carmesí escurre de la cabeza partida de Ramón y tiñe la acera, mientras las sirenas suenan alrededor y la brisa sopla desde la playa.

La colina de *El Pozolero*

CINCO MINUTOS antes de que un comando militar cayera sobre la casa de la colonia Baja Season's en la que varios hombres armados llevaban tres días de fiesta, un pitazo puso sobre aviso al narcotraficante Teodoro García Simental, conocido como *El Teo* o *El Tres Letras:* "Se están movilizando hacia allá varios camiones del ejército".

Vecinos de Baja Season's, una colonia exclusiva de Tijuana, habían reportado que en la casa había música norteña, camionetas de lujo sin placas y entradas constantes de sexoservidoras. García Simental y treinta de sus allegados lograron salir del inmueble y escaparon por la playa. Pero uno de ellos se hallaba tan intoxicado que apenas se dio cuenta de lo que ocurrió. Cuando los militares lo tendieron con las manos en la nuca, sobre la arena de la playa, les dijo:

—No saben con quién se meten. Yo soy *El Pozolero* de *El Teo*.

Su verdadero nombre era Santiago Meza López. En un rancho del ejido Ojo de Agua había disuelto los cuerpos de trescientas personas en tambos de sosa cáustica. Fue presentado como uno de los veinte criminales más buscados por el FBI. El ejército lo exhibió ante los medios como un trofeo. Su historia fue consignada en diarios de todo el mundo: era un Drácula moderno, la nueva encarnación del Mal.

Al día siguiente de su detención, los reporteros de la fuente policiaca de la ciudad de Tijuana fueron llamados a presenciar la reconstrucción de los hechos. Recordó el periodista Luis Alonso Pérez: "Nos llevaron en tres camiones militares hasta el rancho del ejido Ojo de Agua en el que los cuerpos habían sido disueltos. *El Pozolero* iba en una Hummer, tapado con una cobija. Los militares lo bajaron de la camioneta, mientras los habitantes del ejido lo miraban asombrados. Lo llevaron al centro de la finca y le ordenaron que contara lo que había hecho".

Un reporte de la PGR consigna el interrogatorio:

—¿A quienes deshacías aquí?

—No sé quiénes eran. A mí sólo me los daban.

—¿Los despedazabas?

—No, los echaba enteros en los tambos.

—¿Cuánto tardaban en deshacerse?

—Catorce o quince horas.

—¿Qué hacías con lo que quedaba?

—Lo enterraba.

—¿En dónde?

—Aquí —dijo *El Pozolero,* mientras apuntaba con los ojos al suelo.

Prosigue Luis Alonso Pérez: "Los reporteros de Tijuana nos hemos acostumbrado a todo, pero esto nos dejó petrificados. De algunos cuerpos sólo quedaban las uñas y los dientes. Lo peor es que *El Pozolero* se sentía inocente. Era un carnicero diciendo: 'Yo no mato a las reses, nomás las destazo'".

En el rancho había varios agujeros cavados en la tierra, tambos industriales con residuos líquidos y una mesa de madera con diversos instrumentos de trabajo: guantes de carnaza, cuchillos para destazar, tijeras de carnicero y cucharas de albañil. Los restos de doscientas latas de cerveza se hallaban diseminadas por el terreno. *El Pozolero* solía refrescarse la garganta mientras preparaba sus guisos. Cuando caía la noche se metía en una habitación sin puertas y dormía tirado en el suelo, envuelto sólo con una cobija. Los seiscientos dólares que Teodoro García Simental le entregaba cada semana como pago por su labor no le permitieron nunca el lujo de comprarse un catre.

Meza López era conocido en el cártel de Tijuana como *El Chago.* Se había dedicado durante años a la elaboración de ladrillos. "Entré al crimen organizado por el lado de la construcción", dijo. A principios de los años noventa fue reclutado por el miembro más violento de la mafia tijuanense: Ramón Arellano Félix. Tras la muerte de éste, ocurrida en 2002, quedó bajo las órdenes de Marco

Antonio García Simental, *El Cris,* quien le encargó la desaparición de los primeros cuerpos. *El Cris,* hermano mayor de *El Teo,* era el encargado de la zona este de Tijuana: corría por su cuenta el secuestro de profesionistas y empresarios; dirigía los levantones y las ejecuciones de los traidores y los enemigos del cártel.

"Aprendí a hacer 'pozole' con una pierna de res, la cual puse en una cubeta, le eché un líquido y se deshizo. Comencé a hacer experimentos y me convertí en 'pozolero'. Le agarré la movida y ése fue mi error. Le puse más interés y por eso me quedé", declaró Meza López ante la SIEDO.

La PGR tenía reportes de su existencia desde 2005. Un secuestrador detenido en Mexicali, Regimiro Silva, asentó en la averiguación 3694/05/208: "Recibí instrucciones de *El Cris* para que yo y otro, de apodo *El Flama,* priváramos de la vida a tres personas por las que ya se había pedido rescate. Entre *El Flama* y yo les colocamos cinta adhesiva color canela en la cara para que dejaran de respirar y murieran por asfixia. Después, otra persona a la que conozco como Chago se llevó los cuerpos a un lugar que desconozco, pero me enteré que los hicieron 'pozole' utilizando unos tambos, los cuales se pegan uno encima de otro con soldadura, se agregan casi doscientos litros de agua y se vierten dos sacos de sosa cáustica. Luego se arroja el cuerpo humano, sin ropa de vestir, y después de permanecer aproximadamente catorce o quince horas que tarda el cuerpo en desintegrarse, pero no completo, sino que quedan restos óseos, es arrojado el 'pozole' al drenaje o en cerros".

Un segundo secuestrador, Iván Aarón Loaiza Espinoza, había declarado en la misma averiguación: "Al llegar a Tijuana conocí a una persona de nombre Luis Romero Fierro, alias *El Sombrero*. Me invitó a trabajar para que le cuidara unas galleras pero con el tiempo me gané su confianza y me invitó para que le cuidara casas de seguridad en las cuales tenían personas secuestradas. Me llevó a un rancho conocido como *Los Licuados,* ya que en ese rancho 'pozolean' a las personas, desintegran los cuerpos de las personas secuestradas. Mi primera función fue la de ayudar a soldar los tambos, ya que se requiere de dos para que quepan los cuerpos completos".

Durante cuatro años, la investigación quedó sepultada en los archivos de la PGR. Los vecinos del ejido Ojo de Agua veían llegar al rancho camionetas cerradas y pipas de agua. "Aquí hacemos gelatinas", les decía Meza López, empuñando su cerveza. El olor de los cuerpos sumergidos en ácido se perdía bajo la peste emanada por un criadero de chivos cercano. Cuando la foto de *El Pozolero* bañó la primera plana de los diarios, un escritor tijuanense escribió: "Esto no es inseguridad, sino algo distinto. Algo que tendría que recibir otro nombre, porque es más terrorífico".

Mucho tiempo después, no se ha inventado el nombre que describa los montecillos de tierra que descansan junto a las fosas sembradas de huesos y dientes. De uñas y dientes.

El Guaycura

En agosto de 2006, la detención de *El Tigrillo*, el menor de los hermanos Arellano Félix, provocó un reacomodo en la estructura del cártel de Tijuana. *El Tigrillo* había sido delatado cuando emprendía un viaje de descanso a bordo del yate *Doc Holiday*. Lo acompañaban dos figuras encargadas de su seguridad, que al mismo tiempo eran cabecillas de los sicarios del grupo: Arturo Villarreal, *El Nalgón,* y Marco Fernández, *El Cotorro*. Aunque se dijo que la detención era producto de un trabajo de catorce meses, la DEA le pagó a un informante una recompensa de cinco millones de dólares. Un tribunal estadounidense condenó al heredero de los Arellano a cadena perpetua.

Para el grupo de Tijuana, el golpe fue demoledor. No sólo porque *El Tigrillo* era el último emblema de un cártel cuya violencia y poder corruptor había convertido a los Arellano en dueños absolutos de la frontera noroeste, sino porque la caída de *El Nalgón* y *El Cotorro* privaba a la organización de los hombres que manejaban la estructura operativa. Para que la desgracia fuera completa, *El Tigrillo* fue el primer Arellano que aceptó públicamente su vinculación con el narcotráfico. Lo aniquiló la idea de pasar el resto de su vida en prisión: "Quisiera pedir perdón a todas aquellas personas, en ambos lados de la frontera, a quienes he afectado con mis decisiones equivocadas y conducta criminal. Por favor perdónenme", escribió en una carta dirigida al juez que lo sentenció.

La sucesión recayó en Fernando Sánchez Arellano, alias *El Ingeniero,* un sobrino de los líderes históricos cuyo liderazgo fue cuestionado por varios miembros de la organización. Aunque lo asesoraban de cerca otros dos miembros del clan, sus tíos Enedina y Eduardo Arellano Félix, esta asesoría familiar se truncó de golpe el 26 de octubre de 2008, cuando agentes de la PFP y la DEA irrumpieron en el domicilio de Eduardo Arellano, el tío de *El Ingeniero*. El hombre se entregó sin disparar un solo tiro, aunque debido a "un exceso de adrenalina" los agentes barrieron con ráfagas de metralleta la fachada de su casa.

Enedina Arellano se había refugiado del otro lado de la frontera. Se decía que orquestaba al grupo criminal desde residencias ubicadas en Beverly Hills, en Los Ángeles, y la ciudad de Poway, en el condado de San Diego. Fernando Sánchez Arellano también huyó de la entidad, en tanto recomponía sus fuerzas.

Para no perder el control de la plaza —el trasiego de drogas, el tráfico de personas, la venta de autos robados, los asaltos de alto impacto, la administración de máquinas tragamonedas, la prostitución, las apuestas, el juego clandestino y la "piratería"—formó veinticinco células compuestas por veinte sicarios cada una. Se rodeó, también, de sanguinarios lugartenientes. Algunos habían servido bajo las órdenes de Ramón. Otros fueron reclutados entre pandilleros y adictos. Según el semanario *Zeta*, ni siquiera cuando Ramón Arellano dirigió el brazo armado del cártel se habían vivido épocas tan cruentas como las que sobrevinieron cuando *El Ingeniero* tomó el mando.

Teodoro García Simental, *El Teo* o *El Tres Letras*, fue ratificado al frente de uno de los grupos más violentos.

En 1994, *El Teo* había llegado al cártel como guardaespaldas personal de Ramón Arellano. Durante una década turbulenta se codeó con los asesinos más crueles de Tijuana: psicópatas como Fabián Martínez, *El Tiburón,* y José Humberto Rodríguez Bañuelos, *La Rana*. Bajo el liderazgo de *El Tigrillo* se inició en el cobro de cuentas. A partir de 2004 se le achacaron algunas de las ejecuciones más aparatosas. Fue señalado como autor de asaltos a casas de cambio, tiendas de autoservicio y camionetas de valores. Secuestraba a empresarios, dirigía el robo de autos y cobraba derecho de paso entre los traficantes de indocumentados.

El poder que acumuló en poco tiempo le permitió violar, de modo sistemático, las reglas impuestas por *El Ingeniero:* se limitaba a enviar su cuota al líder del cártel, pero "llegó el momento en que ya ni el teléfono le contestaba".

El 25 de abril de 2007, *El Tres Letras* fue llamado a cuentas. Fernando Sánchez Arellano le exigió una reunión para discutir los secuestros "no autorizados" que su grupo estaba cometiendo. Según una investigación del semanario *Zeta*, esa noche los teléfonos de la policía sonaron con insistencia: los agentes fueron advertidos de que debían mantenerse lejos de la calle: "El asunto se va a poner feo". Los gatilleros de ambos grupos fueron requeridos por radio. Recibieron la orden de concentrarse, porque iban a escoltar "a un jefe". Había llegado la noche del viernes y la mayor parte de los sicarios (algunos de ellos, policías municipales y ministeriales) estaban "enfiestados": la coca les salía por los poros.

La cita fue concertada en la madrugada, en el paseo conocido como el Guaycura. Veintidós vehículos con hombres armados hasta los dientes se presentaron en el sitio. La policía había desaparecido de las calles. No sólo la municipal: también "se abrieron de la zona" las patrullas de las policías federal y estatal.

El Ingeniero envió como avanzada a un lugarteniente, *El 7-7.* Éste le informó por radio que *El Teo* no había acudido a la cita. En los autos sólo había personajes de segunda línea: "Puros claves R", dijo *El 7-7*, "dicen que traen la orden de recibir el recado".

"Acaben con ellos", ordenó Sánchez Arellano.

El 7-7 le disparó en la cara a Alfredo Delgadillo Solís, conocido como *La Máquina*. Se desató una cruenta balacera que dejó quince muertos y veintidós heridos. Mil quinientos cartuchos fueron quemados. Uno de los primeros en ser tocados por las balas fue *El 7-7*. La guerra que se decretó esa noche dejó en Baja California dos mil doscientos noventa y cinco muertos entre 2007 y 2009. En ese lapso, mil setecientas noventa ejecuciones se registraron en calles de Tijuana. La ciudad fue considerada como la tercera más violenta de México después de Culiacán y Ciudad Juárez.

"Existen indicios de que Teodoro García Simental se pasó al cártel de Sinaloa y está operando para la organización de *El Chapo* Guzmán, que desde hace años ha intentado infiltrarse en Tijuana", declaró el delegado de la PGR, Martín Rubio Millán.

En enero de 2009, a la sombra de *El Pozolero,* la cresta de violencia pareció alcanzar un punto culminante. Pero el recuerdo del monstruo que disolvía cadáveres en ácido palideció nueve meses después, cuando *El Teo* preparó la *instalación* más espeluznante en la historia criminal de Tijuana: hizo colgar de un puente el cadáver castrado y torturado de Rogelio Sánchez Jiménez, jefe de la oficina de Licencias y Placas Vehiculares de la entidad. Según el diario *La Voz de la Frontera*, los conductores que aquella mañana pasaban bajo el puente no podían dar crédito a lo que miraban: "el cuerpo desnudo de un hombre, suspendido en el aire, con los genitales atados al cuello y un macabro rictus de dolor en lo que quedaba descubierto de su rostro".

Escribió el reportero Manuel Cordero: "La víctima mostraba una parte de la cabeza cubierta con vendas plásticas y encima de éstas, cinta adhesiva con múltiples hematomas por golpes y heridas de arma punzocortante. Resaltaba la severa herida en el lugar donde se encontraban sus genitales, lo que hace deducir la maldad que utilizaron los sicarios para ultimarlo".

La oficina dirigida en Tijuana por Rogelio Sánchez Jiménez había expedido, con identidades falsas, licencias de manejo a varias personas relacionadas con actividades ilícitas. Teodoro García Simental había obtenido en ese sitio tres licencias de conducir. Una mano oculta —que según *El Teo* era la de Sánchez Jiménez— filtró el retrato del capo al semanario *Zeta*: la foto se publicó en portada. *El Teo* entendió que era el principio del fin. Hasta ese día, nadie conocía su rostro. (No sólo eso: aunque llevaba cinco años ordenando y perpetrando ejecuciones, la procuraduría del estado no había lanzado uno sola orden de aprehensión en su contra.)

El capo hizo levantar a Sánchez Jiménez. Se dice que lo torturó personalmente, y que él mismo ideó el golpe mediático que dirigía un mensaje macabro a quienes se atrevieran a desafiar su poder.

Luego decidió borrarse del mapa y se refugió en Sinaloa, bajo el cobijo de *El Mayo* Zambada y *El Chapo* Guzmán. Dos meses más tarde reapareció en La Paz.

El 12 de enero de 2010, exactamente a las seis de la mañana, la puerta de su residencia en el exclusivo fraccionamiento Fidepaz fue volada con un lanzagranadas. Cinco helicópteros y un grupo de marinos, militares y agentes federales, trazaron un perímetro infranqueable a su alrededor. El hombre, de más de ciento veinte kilos de peso, salió esposado de la residencia. Con aire de niño regañado, subió mansamente al vehículo que lo sacaba para siempre de la entidad cuya vida cotidiana había despedazado.

EL BLINDADO

En los días que siguieron a la batalla del Guaycura, en abril de 2007, un antiguo escolta del ex gobernador panista Ernesto Ruffo Appel, el ex comandante de la policía ministerial del estado, José Ramón Velásquez Molina, fue secuestrado por sicarios del cártel de los Arellano. El ex comandante fue torturado con saña. Sus captores lo sentaron frente a una cámara de video. El interrogatorio al que lo sometieron llegó en un disco compacto a diversos medios de comunicación. Velásquez Molina aparece en la grabación sudoroso y lastimado. El miedo le hace responder con cortesía extrema a las preguntas que le lanzan los verdugos.

—¿Para quién trabajas?

—Trabajo para una célula de *El Chapo* Guzmán y *Mayo* Zambada. Antes trabajaba para *El Mayel.* Hace tiempo, *El Mayel,* por medio de su abogado en Almoloya, me habló para decir que me fuera a Culiacán, que me iba a encontrar con su hermano *El Gil* para ir a ver a estas personas, los dos fuimos, estuvimos allá.

—¡Más fuerte!

—Estuvimos en Culiacán… platicando con *El Chapo* y *El Mayo* Zambada… Estuvimos ahí como unas cuatro horas platicando… *El Gil* se comprometió para trabajar con ellos… Estuvo sosteniendo relaciones con estas personas hasta que lo detuvieron.

—¿Y qué está pasando ahorita?

—La relación de *El Chapo* se quedó conmigo. Y el año pasado (con) una persona de nombre Humberto Valdez, le dicen *El Pato* Valdez.

—¿Él quién es?

—*El Pato* Valdez es, me dijeron en ese tiempo, un asesor del procurador.

—¿Qué procurador?

—Antonio Martínez Luna.

—¡Hable más fuerte!

—Antonio Martínez Luna, el procurador. En ese tiempo me dijeron que el procurador Antonio Martínez Luna quería trabajar tanto con *El Mayo* como con *El Chapo* para combatir a la gente de Tijuana… y que querían formar un grupo de agentes ministeriales, diez agentes ministeriales ya dados de baja, para conformar una célula para combatir a la gente de Tijuana… Yo llevé a *El Pato* Valdez a Culiacán, se entrevistó con *El Chapo* y con *El Mayo*… Se tomaron acuerdos como que el asesor del procurador quedó de darles información, toda la información de Tijuana…

—Pérate, pérate. ¿Quién dirige esa célula?

—La célula que se formó en Mexicali la dirijo yo.

—¿Y quién más?

—Apoyado por *El Pato* Valdez.

[…]

—¿Tú y él dirigen esa célula?

—El grupo de la Procuraduría lo dirige él, él dirige a los agentes.

—¿Qué grupo?

—Sé que están en el grupo especial ese de inteligencia que el procurador formó con ese nombre.

[...]

—¿Cómo operan y quién los protege?

—¿Cómo se opera? Pues se opera de la forma en que todo el mundo sabe, o sea, cuando se va a levantar a una víctima, lo protegen a uno los agentes, el que nos protege es el licenciado *Pato* Valdez, él tiene pleno conocimiento de los operativos, a la vez él le comunica a *El Blindado* de todos los operativos.

—¿Y el procurador?

—*El Blindado* en este caso, es la clave que él utiliza.

—¿Quién es *El Blindado,* dónde, cómo se llama?

—*El Blindado* es el procurador.

[...]

—¿De dónde está agarrado el procurador?

—El procurador está agarrado del gobernador.

—¿Cómo se llama el gobernador?

—El gobernador se llama Eugenio Elorduy Walther. Pero yo no creo que el gobernador esté metido en esto. Pero sí lo apoya. Incondicionalmente lo ha apoyado. Ya van a ser los seis años y lo sigue sosteniendo igual.

El interrogatorio era implacable. ¿Cómo es ese cabrón? ¿Qué edad tiene? Acuérdate, acuérdate, tienes que acordarte. ¿Te molesta la luz? Háblame de los trabajos que han hecho. A ver, de uno por uno. ¿Quién es la gente de *El Chapo* aquí? Di nombres y apodos. No te equivoques.

¡Nombres! Cárgate para acá, por favor. Veme a la cámara. ¿Cómo planearon las cosas, cómo fue el jale? ¿A qué más ministeriales les pagaron? ¿Están bien cuajados o qué onda? ¿Están cuajados? Y los municipales… ¿qué me dices de la municipal?

José Ramón Velásquez fue asesinado en cuanto terminó el interrogatorio. Su cadáver apareció frente a la casa donde vivía una supuesta novia del procurador Martínez Luna. La tormenta que desataron veinte minutos de grabación no bastó para que el funcionario fuera removido del cargo. Martínez Luna declaró que no conocía, ni había oído hablar jamás de *El Pato* Valdez.

Al poco tiempo, una segunda videograbación fue enviada a los medios. Los protagonistas eran Julio Lamas, secretario particular del procurador Martínez Luna; Víctor Felipe de la Garza Herrada, titular de la Unidad Especializada contra el Crimen Organizado, así como el misterioso licenciado *Pato* Valdez… el hombre de quien el procurador no había oído hablar jamás.

El Pato Valdez detallaba ante los funcionarios una posible estrategia para lograr la captura de un importante miembro del cártel de los Arellano Félix. No sólo eso: les pedía la entrega de "viáticos" para poder montar el operativo.

El huracán en que se vio envuelta la procuraduría estatal cuando la videograbación salió a la luz tampoco hizo mella en el procurador Martínez Luna. El funcionario fue sostenido en el cargo hasta que finalizó el sexenio del gobernador Elorduy (2001-2007). El titular de la Unidad Especializada contra el Crimen Organizado, Víctor Felipe de la Garza, descartó que el nuevo video constituyera una prueba de nada: "Yo recibía a muchas personas que aportaban información o presentaban denuncias. El objetivo de esa reunión fue recibir la denuncia de ese señor, que es un abogado de aquí de Tijuana. Yo lo conozco nada más de eso. Ha habido resultados muy importantes en las investigaciones, y la realidad obedece precisamente a esta confianza que tiene en nosotros la ciudadanía".

Una encuesta realizada en 2008 por el Instituto Ciudadano de Estudios sobre la Inseguridad reveló que la ciudadanía, en realidad, no confiaba en las autoridades, y de hecho las consideraba responsables de que Tijuana fuera la tercera ciudad del país donde la población se sentía más insegura. Afirmaba Adela Navarro, directora de *Zeta*: "Todas las policías han sido compradas: de la municipal a la PGR, los agentes obedecen al cártel antes que al Estado".

Aunque la Coparmex sostenía que Tijuana era víctima de una leyenda negra tejida por los medios ("La gente vive con normalidad. Hay una guerra entre grupos criminales, pero los ciudadanos no forman parte de esa pugna"), el mundo de las declaraciones oficiales era derrumbado con las explosiones, las ejecuciones, las balaceras que ocurrían diariamente en todos los puntos de la ciudad —y del estado.

La aparente normalidad tenía varias grietas. Taxistas, vendedores de chicles y de recargas telefónicas, boleros, meseros y repartidores de diarios formaban parte de una red asociada al narcotráfico. Su verdadero trabajo era reportar la llegada de convoyes, de autos sospechosos, de visitantes extraños. "En Tijuana —decía Adela Navarro—, todo movimiento es reportado de inmediato a la delincuencia organizada."

Apunta el reportero Luis Alonso Pérez: "Al narco no lo ves venir, pero te sale al paso en todas partes".

En el programa de protección a testigos de la PGR hay un personaje que figura bajo la clave "Félix". Trabajaba en Mexicali como diseñador gráfico para una empresa que fabricaba gafetes de identidad. Se acercaba a los treinta años y no ganaba siquiera para rentar un departamento: continuaba viviendo en casa de sus padres. En 1997, también a "Félix" el narcotráfico le salió al paso. Tomó la decisión de lanzarse al vacío y de un día a otro descubrió que había quedado "justo entre las patas de los caballos". Sucedió de un modo inopinado, la mañana en que los dueños de la fábrica le encargaron preparar un juego de identificaciones para una convención de corredores de bienes raíces. "Félix" se sentó frente a su computadora y empezó a realizar el trabajo. De pronto apareció un cliente que se dijo interesado en ordenar un conjunto de identificaciones para cierta firma publicitaria. Era un hombre que hablaba demasiado alto. "Félix" supo luego que le decían *El Gritón*.

"Me dan ganas de decirle que se salga. No me puedo concentrar con estos gritos", le dijo el diseñador a uno de sus compañeros.

El otro le contestó en voz baja: "Cálmate, porque éste es de cuidado".

Mientras levantaban el pedido, *El Gritón* se puso a curiosear. "Qué bonitos gafetes", dijo. Antes de irse, le pidió al diseñador el número de su teléfono celular: "Puede haber por ahí un encarguito".

Le llamó esa misma tarde para hacer una cita. "Félix" sintió desconfianza, pero andaba corto de dinero y aceptó reunirse con el personaje frente a las oficinas de la policía judicial del estado. "Pensé que si era un hombre de cuidado, yo podría estar seguro en ese sitio", relató.

El Gritón lo aguardaba en una Dodge azul, con el techo color plata. Hablaba alto, tenía prisa, no se andaba con rodeos. Exhibió un gafete de la policía judicial del estado y preguntó si "Félix" era capaz de hacer en su computadora uno idéntico. "La paga es buena", dijo.

El muchacho se amedrentó. Rechazó el encargo. Pero había cometido el error de entregar su número telefónico. *El Gritón* lo acosó durante un mes: empleaba un tono amenazante que a cada llamada parecía escalar de tono. Para quitárselo de encima, el diseñador se disculpó: "La computadora con la que podría hacer ese trabajo no es mía, sino de la empresa, y es además una máquina muy lenta. Me tardaría meses".

El Gritón se exasperó: "No me andes con pendejadas.

La gente a la que le interesa el trabajo tiene mucho dinero y no se anda fijando en esas cosas. Investiga cuánto cuesta la computadora que necesitas. Te busco más tarde".

Fue en ese momento cuando "Félix" tuvo la impresión de que iba a arrojarse al vacío. Se sintió cercado: *El Gritón* le daba miedo. En una página de internet halló una computadora Pentium con digitalizador óptico. Costaba cinco mil dólares. Creyó que el precio iba a desanimar al intruso, pero se equivocó. Esa misma tarde, recibió en su oficina los cinco mil dólares.

La máquina fue comprada en Estados Unidos. "Félix" tuvo que sortear una infinidad de detalles técnicos, pero al fin logró instalar los programas necesarios. "Hazme una prueba —exigió *El Gritón*—. Saca un gafete."

Quedaron de verse a la salida de la oficina, porque "Félix" no quería que su empresa se viera involucrada en aquel trabajo. El hombre lo llevó a una casa de la colonia Virreyes: "Me van a matar por traerte aquí", le dijo. Era una residencia vacía. Había pocos muebles y un hombre con facha de policía al que llamaban Lalo. *El Gritón* le dio un gafete, y también una credencial de la policía judicial. "Ponte a trabajar", ordenó.

"Félix" enchufó la computadora. El trabajo resultó un quebradero de cabeza. Le tomó dos días, pero al final logró imitar los documentos "hasta en el color".

"¡Quedaron al chingadazo!", dijo el otro, muy contento.

Un día después, *El Gritón* volvió a llevarlo a la casa y le entregó veinticinco fotografías. "Son para pegarlas en las credenciales. Tú inventa los nombres, menos en ésta, que tiene que ir a nombre de Juan Carlos Ramos."

El diseñador miró la foto. En ella aparecía un hombre robusto, moreno, de bigote ralo.

"¿Ya ves qué fácil?", dijo *El Gritón* cuando el juego estuvo listo.

"Félix" recibió por el trabajo mil doscientos dólares. Se los metió al bolsillo y quiso despedirse: alegó que debía regresar al trabajo.

El Gritón sonrió: "¿Cuál trabajo? ¿No te das cuenta dónde te has metido? Estas gentes son muy pesadas. Ya no puedes salirte. Es más: no vas a poder seguir trabajando en la misma empresa. Nosotros te hemos contratado".

EL FALSIFICADOR DEL CÁRTEL

Comenzaba 1998. Una noche en que "Félix" conversaba con amigos frente a la casa de sus padres, una Suburban negra se aproximó despacio por la calle. "Sube. Te quiere conocer *El Patrón*."

Había pasado un año desde su visita a la colonia Virreyes. *El Gritón* le entregaba de cuando en cuando, a regañadientes, algunos dólares para sus gastos. Pero a "Félix" no le alcanzaban ni para mantener activo el celular. Menos, para reparar su viejo Thunderbird, descompuesto desde hacía meses.

La Suburban lo condujo al fraccionamiento Las Fuentes. Se detuvo en una calle solitaria en la que había varios vehículos con el motor encendido. Dentro de una camioneta Lobo se hallaba *El Patrón:* "Soy Gilberto Higuera Guerrero", dijo.

Era el sujeto robusto, moreno, de bigote ralo, al que "Félix" le había falsificado una credencial a nombre de Juan Carlos Ramos. Su cabeza tenía precio. Lo buscaban la DEA, el ejército, la PGR. Le apodaban *El Gilillo.*

El diseñador subió a la camioneta. Higuera le ofreció un cigarro y explicó la causa por la que lo andaban buscando: la vigencia de las credenciales falsas había expirado. Era necesario hacer un juego nuevo. Sólo que esta vez el trabajo no iba a ser tan fácil: la Procuraduría de Justicia del Estado acababa de colocar un holograma nuevo en las credenciales de los agentes.

"¿Lo puedes falsificar?", preguntó *El Gilillo.*

"Sí —respondió Félix—. Pero no con el equipo que tengo. Tienen que comprar uno más avanzado."

El Gilillo reclamó: "Ya te hemos dado mucho dinero, pero dice *El Gritón* que pides más y no quieres trabajar".

Félix supo que a lo largo de ese año *El Gritón* le había escamoteado la paga, pero guardó silencio. Se puso a temblar cuando *El Patrón* le dijo: "Ya hasta te íbamos a levantar".

"La computadora que tengo no puede hacer hologramas. Hace falta un equipo más potente", tartamudeó el diseñador.

El Gilillo ordenó que averiguara el precio del equipo

y le puso en las manos un rollo de billetes verdes. Dos mil quinientos dólares. Ordenó también: "Activa tu celular".

Era posible falsificar los hologramas mediante serigrafía, con una impresora de resina térmica que costaba quince mil dólares. "Félix" se lo informó esa misma semana a uno de los ayudantes de *El Patrón*. Una hora después de colgar el teléfono, recibió en su casa una bolsa de dinero. "Dice *El Patrón* que rentes un departamento para instalar el equipo, que busques un lugar donde puedas trabajar sin que nadie te vea."

Halló un departamento pequeño, de interés social, en alguna de las unidades del Infonavit. La reproducción del holograma demandó pruebas diversas. "Félix" creyó que no lo conseguiría, pero al fin pudo preparar un juego de treinta gafetes y otras tantas credenciales. En una de esas credenciales aparecía el retrato de *El Mayel,* Ismael Higuera Guerrero, hermano de *El Gilillo* y cabeza del brazo armado del cártel de los Arellano Félix.

Le pagaron siete mil dólares por el trabajo. Los derrochó en pocas semanas y no volvió a ver a sus clientes hasta que la vigencia de las credenciales expiró de nuevo. Esta vez, el propio *Gilillo* fue a buscarlo. El diseñador había comprado una cámara Casio que le permitía tomar por sí mismo las fotos de las credenciales, "para que todas tuvieran el mismo formato". A *El Gilillo* le gustó la idea. "Mañana mando por ti para que retrates a los muchachos."

Al día siguiente, un hombre silencioso pasó por él en una camioneta. Cambiaron de vehículo en un entronque.

Luego, con el acelerador a fondo, se trasladaron a Tijuana. Cuando aparecieron las primeras casas de la ciudad, el hombre informó por radio: "Ya traigo al fotógrafo". Le contestaron: "Súbelo, pero de 'avestruz'". El hombre le pidió que se tumbara en el piso y no alzara la cabeza hasta que se lo ordenaran.

"Félix" obedeció con una sensación de extrañeza. Se vio a sí mismo tumbado en el piso de una *pick up,* mientras unas voces en la radio cruzaban claves extrañas. Al fin, escuchó que se abría una puerta eléctrica; bajó del auto y avanzó por el jardín de una casa "de tipo griego, en desniveles". En la sala aguardaban dos hombres de saco y corbata. Los retrató. No supo quiénes eran, pero todos se dirigían a ellos con respeto y deferencia.

Al terminar la sesión, lo sacaron de la casa otra vez de "avestruz". Creyó que tomarían el camino a Mexicali, pero la camioneta se dirigió a Ensenada. Varias horas después, "Félix" fue introducido en una residencia que tenía piso de mármol verde y carecía de mobiliario. Sólo había un televisor de pantalla grande. Y contra las paredes, rifles de asalto y varias mochilas.

Ahí estaba Ismael Higuera Guerrero, *El Mayel,* acompañado por un hombre apodado *El 85.* Estaba también un sujeto al que le faltaban tres dedos y le decían *El Quemado.*

"Félix" no lo sabía entonces, pero *El Mayel* era miembro del Consejo de Jefes de los Arellano. Manejaba "los bajes" de droga y había hecho de Ensenada un paraíso donde el cártel lavaba dinero sin dificultad. Controlaba el juego, la prostitución y el tráfico de autos robados. Vigilaba personalmente el envío de enervantes a Estados Unidos, y según el ex subprocurador José Luis Santiago Vasconcelos, él mismo había conectado a los Arellano con las FARC.

Al poco tiempo llegaron a la casa de "tipo griego" *El Gilillo* y *El Gritón*. "Félix" los retrató mientras ellos conversaban: hablaban de los Arellano Félix, de un hombre al que tenían castigado en un lugar llamado "la casita", y al que *El Mayel* decía que había llegado la hora de perdonar: "Levántenle el castigo".

Hablaban de embarques y desembarques, de un grupo de federales al que apodaban Los Felicianos, y que colaboraban con ellos, brindándoles protección. Todo lo hicieron como si Félix no estuviera presente.

Al caer la noche, lo llevaron de regreso a Mexicali con los bolsillos retacados de dólares y la impresión de que "ya me tenían confianza". Se había convertido en el falsificador oficial del cártel.

La madrugada del 4 de mayo de 2000, el Sistema Nacional de Denuncia Ciudadana recibió una llamada anónima: unos hombres disparaban al aire y escandalizaban en una casa cercana a la Universidad Autónoma de Baja California. Una célula mixta —agentes federales y efectivos del ejército— se trasladó al inmueble. La recibieron a tiros, pero ninguna de las balas hizo blanco: los agresores se hallaban transfigurados por el exceso de alcohol y cocaína.

Fueron sometidos con cierta facilidad. Sólo uno siguió

disparando desde la parte alta de la casa. Uno de sus cómplices le dijo por radio: "Ya estamos dados, date tu también". Era *El Mayel*.

El periodista Jorge Fernández Menéndez cuenta que, minutos después de la detención, el celular del capo empezó a timbrar. Un militar contestó la llamada.

—Como hombres —le dijeron—, ¿lo tienen vivo o muerto?

—Vivo —respondió el militar.

—Entonces, como hombres, ¿cuánto para que lo entreguen, como se encuentre?

El militar colgó. Cuando la niebla provocada por las granadas de humo desapareció de las habitaciones, los militares hallaron armas, dólares, joyas y abundantes dosis de cocaína. Ahí estaban también las credenciales que acreditaban a *El Mayel* y los suyos como policías judiciales del estado.

La suerte de "Félix" había quedado echada.

Lo agarraron en el departamento que había rentado en el Infonavit, y en el que estaba viviendo desde hacía dos años. El Thunderbird había vuelto a descomponerse. La policía le aseguró la Pentium, la cámara Casio y varios juegos de fotos. El diseñador llegó temblando ante el ministerio público. Le fincaron acusaciones por falsificación de documentos oficiales y asociación delictuosa.

"En nombre de Cristo pido perdón por mis pecados", dijo *El Mayel* ante la corte federal que en Estados Unidos lo condenó a una pena de cuarenta años.

"Félix" también pidió perdón: "Actué por miedo", dijo, mientras afuera, en la calle, las patrullas corrían con las sirenas encendidas y camionetas con hombres armados transitaban a vuelta de rueda por las principales ciudades del estado.

El diseñador gráfico había llegado al narcotráfico de "avestruz". Cuando se acogió al programa de testigos protegidos, le dijeron que tendría que vivir de "avestruz" por el resto de su vida.

En la PGR, el fiscal antidrogas Mariano Herrán Salvatti hizo la declaración de rigor: con la detención de *El Mayel* comenzaba para los Arellano la cuenta regresiva.

En realidad, los años más negros para Baja California apenas habían comenzado.

Bajo fuego

U NA CÁMARA DE VIDEO registró su paso por la caseta de Magdalena de Kino, al norte de Sonora. El convoy iba encabezado por una Commander negra que conducía Arturo Flores, *El Mosca*. Detrás de él avanzaba un cortejo de Silverados, Lincolns y Cherokees blindadas. Doce camionetas en total. Habían cubierto sin que los molestaran los doscientos kilómetros que van de Santa Ana a Cananea. Al lado de *El Mosca* viajaba un ex agente de la policía estatal investigadora, Jesús Espinoza Soto, *El Comanche,* quien se encargó de reclutar al grupo de sicarios que esa noche iba a realizar un cobro de cuentas. Los gatilleros se habían concentrado cuatro días antes en el rancho Paso de las Ranas. Ahora, vestidos de militares o con los uniformes negros de la AFI, recorrían el último tramo de la carretera federal número dos. Eran cerca de cincuenta. Llevaban pistolas Five-Seven, de las llamadas "matapolicías", y al menos dos fusiles AR-15 cada uno.

La caravana cruzó la caseta rugiendo en la oscuridad. A las doce y media de la noche del 16 de mayo de 2007, pisó los lindes de Cananea. La patrulla municipal 011, que hacía un rondín en la zona, los encontró de frente a la altura de Cuitaca. Los dos policías que viajaban en ella fueron rodeados y golpeados salvajemente. En el kilómetro 82 de la carretera Imuris-Cananea, los sicarios lanzaron a los agentes a un barranco. Para hacerlo, los balancearon tomándolos de pies y manos. La patrulla fue despeñada en el mismo sitio. Uno de los policías logró arrastrarse hacia el radio. Comunicó a su base: "Va gente armada para allá".

En dos patrullas, cinco agentes municipales salieron a enfrentar al convoy. Los cuerpos de cuatro de ellos aparecieron horas después en el paraje Ojo de Agua. Según el periódico *Expreso*, les habían disparado tantas veces en el rostro, "que lo único que se veía era un hueco sin cerebro". Al veinte para la una de la madrugada, los cuerpos policiacos destacados en la ciudad —la PFP, la AFI, la policía estatal investigadora— estaban enterados de la presencia del grupo armado. Uno de los sicarios se había metido en la frecuencia radial de la PFP para advertir: "No se metan, la bronca no es con ustedes. Pero si se meten, tenemos con qué responderles".

En la PFP nadie se movió. Los agentes de la AFI cerraron las puertas del hotel donde pernoctaban. Los policías estatales recibieron una llamada de auxilio: respondieron que esperaban refuerzos, "y que iban a salir a patrullar".

Los cuarenta mil habitantes de Cananea quedaron esa noche abandonados a su suerte.

Nadie atendía el teléfono en las comandancias, nadie interfirió en los movimientos del convoy, a pesar de que los sicarios siguieron usando la frecuencia policiaca "para comunicarse entre ellos su posición y sus novedades". Los vecinos de Cananea escucharon ruido de sirenas, chirriar de llantas, aceleradores hundidos hasta el fondo.

En la calle principal de la ciudad, el grupo se dividió. Una parte se encaminó a la base de la PFP. Las camionetas cruzaron frente al palacio municipal, donde no se veía un alma. En la base hallaron a siete agentes federales que aguardaban inmóviles, y congelados. "No es con ustedes", repitieron los gatilleros.

Por órdenes de *El Comanche,* los agentes no fueron tocados. Ni siquiera les quitaron las armas. "La mera verdad, nos perdonaron la vida", declaró un oficial más tarde.

El segundo grupo se dirigió al motel El Oasis. Sacaron de la cama al propietario y luego fueron a buscar al dueño de la gasolinería El Centenario. En el camino, levantaron a dos muchachas menores de edad que paseaban por la plaza.

"Efraín", uno de los civiles secuestrados esa noche, relató que las camionetas trazaron un círculo alrededor de la gasolinería. Los hombres bajaron gritando, dando órdenes. "Carro que pasaba, los bajaban del greñero, los esculcaban, les quitaban las pertenencias." El retén interceptó también a dos vendedores de cocaína que recorrían la ciudad en un vehículo conocido como el "carrito feliz". Uno de los sicarios le dijo a un compañero: "Jajaja, ¿viste a los del carrito feliz? Cuánto perico traían, luego traían dos fierros y luego maniacos, porque traían morritas".

Entrevistado por *El Imparcial*, "Efraín" contó que en menos de una hora los sicarios lograron *reventar* tres casas, "levantando a más gente".

"Ustedes no saben quiénes somos —dijeron—. Somos los Zetas, la organización más sanguinaria. No nos tentamos el corazón para nada."

A las cuatro de la mañana, la Commander tripulada por *El Mosca* salió de la ciudad. Las camionetas lo siguieron. El convoy enfiló rumbo a la Sierra de Arizpe. Los gatilleros llevaban a bordo a los civiles y a los policías municipales que habían secuestrado.

"A los diez minutos —prosiguió 'Efraín'—, se sintió que el carro se salió de la carretera y se oyeron ráfagas… como tres minutos de ráfagas… No supe ahí, sino después, que en ese lugar habían matado a los policías."

Cuando los gatilleros volvieron a abordar las camionetas, "Efraín" escuchó: "Uta, qué canijo aquel que todavía le pasó el carro encima, a uno le pasó el carro por encima".

La Commander de *El Mosca* volvió a detenerse una hora más tarde. *El Comanche* tomó la cocaína que le habían quitado al "carrito feliz" y la repartió entre sus hombres, "se las empezó a repartir como si fueran dulces". Para entonces, había amanecido. Le dijeron a "Efraín": "Bájate, el comandante quiere hablar contigo". Entre los picos lejanos de los cerros y la tierra calcárea que se extendía a ambos lados del camino, el siguiente diálogo:

—¿Cómo te llamas, a qué te dedicas, para quién trabajas?

—No, señor, gracias a Dios yo soy tranquilo. No trabajo para nadie.

—No te hagas el tonto. ¿Para quién trabajas?

—No, señor. Yo le estoy diciendo la verdad.

El interrogatorio prosiguió a intervalos durante las dos horas siguientes. A "Efraín" le dejaron caer piedras en los pies descalzos; con una navaja le marcaron una Z en la espalda y luego le cubrieron la cabeza con una bolsa de plástico —que sólo retiraron un segundo antes de que muriera asfixiado.

Los Zetas querían saber quién era "el bueno" en Cananea, quién era el dueño de la plaza, quién era el que traficaba droga. El viaje prosiguió por caminos de terracería. De pronto, bajo el sol calcinante de las tres de la tarde —quince horas después de que cincuenta sicarios le arrebataran al Estado "sus potestades básicas"—, se escuchó en el cielo el motor de un helicóptero. Tenía el logo de la policía estatal.

El convoy logró atravesar a tiros el cerco que más adelante acababan de tenderle dos patrullas de la policía. Con las aspas del helicóptero zumbándoles encima, las camionetas se internaron en un camino vecinal. En realidad, *El Mosca* se había perdido en las inmediaciones del arroyo Baimpa, mientras buscaba el rancho donde el grupo planeaba guarecerse.

Ahí, cerca del arroyo Baimpa, comenzó "la tracatera". Un infierno que se prolongó por más de cuatro horas y en el que el comando utilizó a fondo el arsenal que traía consigo: ciento diez fusiles AR-15 y quince mil cartuchos de diversos calibres.

Las autoridades habían reaccionado con horas de retraso. A las siete y media de la mañana, el ejército y la policía estatal desataron el operativo de rastreo. El procurador del estado, Abel Murrieta —dos años antes se le había señalado como protector de *El Chapo* y los hermanos Beltrán Leyva—, informó en una conferencia de prensa que el combate tuvo tal intensidad que a la fuerza pública se le terminó el parque: "Por vía aérea tuvimos que enviar más municiones".

Dieciséis sicarios cayeron bajo las balas. Otros doce fueron detenidos. El resto —otros veintitantos gatilleros— abandonó las camionetas, así como a los civiles secuestrados, para buscar refugio entre los cerros.

A las siete de la noche los tiros seguían sonando. Un video de *YouTube* reproduce un instante de la balacera. Otro muestra el momento en que los dieciséis cadáveres ensangrentados son apilados como reses en la caja de una *pick up*. En un tercero se aprecia el momento en que algunos sicarios detenidos, con el rostro lleno de magulladuras, son subidos a un vehículo policiaco: "¡Levanta la cara! ¡Levántala!", les gritan los agentes estatales. En las imágenes que han quedado de la batalla ocurrida esa tarde en la Sierra de Arizpe, puede advertirse el potente arsenal que los sicarios dejaron en sus camionetas: kilos de ferretería pesada. Una versión recogida por *El Universal* señala que cincuenta y siete mil cartuchos quedaron regados en las inmediaciones.

El gobernador Eduardo Bours responsabilizó al gobierno federal de lo ocurrido y reveló que el ataque del comando armado obedecía a una traición de la policía municipal. Sin embargo, la primera reacción del alcalde de Cananea, Luis Carlos Cha Flores, consistió en declarar que el director de seguridad pública del municipio, Gabriel Enrique Hurtado, continuaba firme en el cargo: "Está haciendo su trabajo". Uno de los sicarios testificó después que el director de comunicación social del municipio, Orlando Valencia, había ayudado a los gatilleros a salir de la ciudad. Algo estaba podrido en Cananea.

En 2008, un testigo protegido de la PGR, "Pitufo", declaró que el líder de los Zetas, Heriberto Lazcano, le había entregado al jefe antinarcóticos de la PFP, David Garay Cadena, cuatro millones setecientos mil dólares para enfriar "la bronca". El dinero había llegado en dos entregas. Se lee en la averiguación SIEDO 359/2008: "Recuerdo que en mayo o junio de 2007 se le mandó a Garay Cadena la cantidad de un millón setecientos mil dólares y ese dinero se le dio con objeto de que parara la bronca que surgió a raíz de la matanza de Cananea, a donde un grupo nuestro había ido a ubicar a la gente de *El Chapo*".

La investigación reveló que el arsenal en poder de los

sicarios había sido adquirido al otro lado de la frontera. Se pidió a la gobernadora de Arizona, Janet Napolitano, que identificara el sitio donde las armas habían sido compradas. Napolitano informó que el gobierno estadounidense abriría una investigación contra "las personas que surtieron las armas al comando".

Pero esas personas no iban a ser perseguidas: sólo en el borde estadounidense existen doce mil setecientas tiendas donde es posible adquirir todo tipo de armas de manera legal. Se trata de armerías, supermercados, tiendas deportivas, *gun shows* y casas de empeño. "En Estados Unidos cada quien puede comprar o vender lo que sea, en la cantidad que sea, porque así lo permite la Constitución. Existen miles de distribuidores no establecidos que compran armas para revenderlas, y que según las leyes de ese país no están obligados a llevar registro de sus transacciones", declaró en una entrevista Abigail Vargas, un funcionario del Centro Nacional de Planeación, Análisis e Información para el Combate a la Delincuencia.

"El más humilde de los ciudadanos puede comprar ametralladoras, fusiles Barrett. Estados Unidos se resiste a legislar la venta de armas porque hablamos de un negocio que deja en ese país millones de dólares. Mientras no lo haga, no habrá manera de cerrar a los cárteles sus fuentes principales de abastecimiento", agregó el funcionario.

En 2008, un reporte de la PGR señalaba que el noventa por ciento de las armas aseguradas provenía de Estados Unidos. El cártel del Golfo y los Zetas eran los grupos delictivos que introducían en el país las mayores cantidades de armamento. Los estados donde se registraban los principales flujos de pertrechos eran Sonora, Tamaulipas y Chihuahua. Señalaba el director de la unidad especializada contra el Terrorismo y Tráfico de Armas, Ricardo Cabrera: "Por los mismos puntos en que se va la droga, regresan al país el dinero y las armas".

Las autoridades habían trazado el mapa de una frontera de tres mil ciento cincuenta y dos kilómetros, en la que sólo existen diecinueve puntos de paso formales. Un informe del Comité de Relaciones Exteriores del Senado estadounidense, fechado el 8 de enero de 2008, señalaba que por esos puntos cruzaban diariamente más de dos mil armas de todo tipo y calibre. México ponía los muertos. Estados Unidos, los arsenales que bajaban por la ruta del Pacífico (desde Tijuana hasta las costas de Acapulco); o por la ruta del Centro (que viene de Juárez y atraviesa Durango para surtir Morelia, Chilpancingo y Oaxaca); o por la ruta del Golfo (que alimenta Ciudad Acuña, Nuevo Laredo, Reynosa, Matamoros, Veracruz y Tuxtla Gutiérrez), o finalmente por la ruta del Sur (que recala en Tapachula, Motozintla, Balancán y Ciudad Hidalgo).

La PGR había advertido que en cada grupo delictivo hay treinta o cuarenta personas cuya misión consiste en comprar en Estados Unidos, y traficarlas en pequeñas cantidades: armas que son escondidas en las oquedades de los autos, en el doble fondo de los tráileres, en las llantas de refacción, en el respaldo de los asientos. "En los puntos fronterizos nunca se ha realizado un aseguramiento de más de treinta armas, porque el tráfico que realizan los cárteles se hace de manera *hormiga*", aseguraba Ricardo Cabrera.

El 7 de febrero de 2008, durante un patrullaje nocturno por la ciudad de Reynosa, en Tamaulipas, efectivos del X Regimiento de Caballería Motorizada detectaron el desplazamiento de dos vehículos sospechosos. Los tripulantes portaban armas largas. Se inició una persecución que culminó en una casa de la colonia Ramón Pérez García. Esa noche, los militares iban a realizar el mayor aseguramiento de armas en la historia del país: quinientos mil cartuchos, doscientas veintiocho armas largas, ciento veintiséis cortas, ciento sesenta granadas, un lanzacohetes y dos lanzagranadas. Eran las armas de uno de los líderes de los Zetas, Jaime González Durán, *El Hummer*.

Eran las armas que Estados Unidos ponía, para que México pusiera los muertos.

La última letra

EL COMANDO NO UTILIZARÍA los radios, salvo para cruzar dos claves: *blanco*, que quería decir "Juan García Ábrego llegó", y *siete*, que significaba "entren y rodéenlo". Catorce agentes del Instituto Nacional para el Combate a las Drogas (INCD), esperaban la llegada de esas claves desde las cinco de la mañana del domingo 14 de enero de 1996. Habían recibido la orden de no probar alimento desde la mañana del sábado. "Cuando llegáramos a la casa cada quien tomaría su posición y no nos íbamos a mover para nada, hasta que él llegara… Entonces, no podíamos arriesgarnos a que se detectara nuestra presencia porque a alguien se le ocurriera ir al baño", relató Horacio Brunt Acosta, director de inteligencia del INCD, quien comandaba el operativo. "No sabíamos cómo iba a llegar. No sabíamos si llegaría. No sabíamos nada. Teníamos una idea, pero nada más", explicó.

Tuvieron que pasar catorce o quince horas para que, al fin, las claves se cruzaran. Ocho meses atrás, la procurado-

ra estadounidense Janet Reno había incluido a García
Ábrego entre los diez delincuentes más buscados del
mundo. La DEA le atribuía una fortuna personal de diez
mil millones de dólares. Se le acusaba de dirigir el cártel
del Golfo y abastecer el veinte por ciento del mercado
consumidor de drogas en Estados Unidos. La leyenda decía que se desplazaba en una Suburban, acompañado por
quince guardaespaldas dotados de armamento potente.
Aquella noche, los agentes del INCD sólo hallaron a un
hombre gordo que bajó de una camioneta destartalada y
echó a correr en cuanto los agentes se acercaron. A pesar
de su corpulencia, García Ábrego pudo brincar dos bar-
das, antes de que alguien le saliera de frente y lo encaño-
nara. "¿Quiénes son ustedes? ¿Qué es lo que quieren?",
preguntó con la respiración entrecortada. "Menos mal",
dijo, cuando Brunt Acosta se identificó: "Somos agentes
federales".

"Me pidió que no lo golpearan, me pidió que le dijera a dónde lo iban a llevar. Me dijo que yo respondía por
su vida", relató el funcionario semanas después.

Durante más de veinte años, Juan García Ábrego gozó
de la protección de un brujo, de todas las policías y de una
sorprendente nómina de altos empleados de gobierno.
Uno de sus colaboradores más antiguos, Óscar López Olivares, *El Profe*, lo consideró "el narcotraficante más grande
de América, de punta a punta". Cuando el equipo de
Brunt Acosta lo llevó al aeropuerto de Monterrey para
trasladarlo a la ciudad de México, a García Ábrego se le

subió la presión. Llevaba meses escondido. Algunas veces se hacía pasar por taxista y manejaba un viejo Datsun. Otras se movía en una camioneta *pick up* de modelo antiguo. Acostumbraba habitar domicilios poco llamativos ubicados en los suburbios. Andaba sin armas, sin escoltas, prácticamente sin dinero. "No soy pendejo", les dijo a sus captores, "lo mejor es pasar desapercibido".

Sus hombres más cercanos lo habían abandonado. Uno de ellos, José Luis Sosa Mayorga, *El Cabezón*, cayó en manos de la policía mientras hacía una llamada desde un teléfono público. Brunt Acosta dijo después que la caída de Sosa le permitió obtener información decisiva sobre la estructura del grupo. Otra pieza clave, Luis Ferrel, el contacto de García Ábrego con el cártel de Cali, fue aprehendido mientras conducía un Volkswagen en la zona de Topo Chico. A otro de sus asociados, Raúl Valladares del Ángel, lo apresaron mientras comía, completamente solo, en El Rey del Cabrito. En sólo unos meses, la protección de que García Ábrego había gozado durante el sexenio de Carlos Salinas de Gortari se iba haciendo polvo.

A cambio de una reducción de condena, su viejo colaborador Óscar López Olivares, *El Profe,* puso en manos de la policía carretadas de información sobre los gustos, las costumbres y aficiones del capo: "Juan es uno de los caballos más finos que hay, sobre todo en lo que se refiere a modales". Un "amigo del alma", a quien por más de veinte años García Ábrego consideró su "hermano", José Carlos Reséndez Bertoloussi, lo delató ante la policía con ánimo de cobrar facturas antiguas: "Cuando me detuvieron y me acusaron de lavado de dinero, y de ser el cerebro financiero del cártel del Golfo, Juan me dejó abandonado: ni abogados, ni dinero, ni apoyo". Según una versión, fue precisamente Reséndez Bertoloussi quien le tendió el cebo que provocó su captura: lo citó en una finca campestre de Villa Juárez, Nuevo León, alegando que debía mandarle un mensaje urgente.

Pero el derrumbe era cuestión de tiempo: la PGR tenía la "sábana" telefónica que contenía las llamadas que García Ábrego había realizado durante los meses en que anduvo corriendo sin domicilio fijo. La DEA poseía la lista completa de los domicilios donde se ocultaba.

García Ábrego, que según un acta falsa de nacimiento era oriundo del condado de Cameron, en Texas, fue desconocido como ciudadano mexicano por el gobierno de Ernesto Zedillo. Trece horas después de su captura lo metieron a fuerzas en un avión Grumann y salió deportado. Lo esperaba una sentencia de once cadenas perpetuas, que él escuchó recitando el salmo 27 de la Biblia: "El Señor es mi luz y salvación…" Habría tenido acaso mejor suerte si hubiera recitado el salmo 17, porque en memoria de un hermano muerto el 17 de julio de 1982, García Ábrego solía ordenar la ejecución de sus enemigos exclusivamente los días 17.

El funcionario que lo detuvo, Horacio Brunt Acosta, fue considerado "un héroe" durante el primer tramo del sexenio de Zedillo. El gusto le duró unos meses. En agosto de 1996 quedó despedido. Amado Carrillo le había regalado quinientos mil dólares como premio por quitar de en medio a García Ábrego. Meses más tarde, el zar antidrogas Mariano Herrán Salvatti reconoció que el superpolicía estaba asociado con los narcotraficantes Albino Quintero Meraz y Juan José Esparragosa Moreno: después de su cese fulminante, cruzó la frontera y se dedicó a operar, para el cártel de Juárez, la distribución de drogas del otro lado del Bravo (años después, el zar que lo acusaba, Herrán Salvatti, fue apresado por razones muy parecidas).

EN TRATOS CON EL CLAN

En 1993, el procurador Jorge Carpizo lanzó contra el capo del Golfo un equipo especial de búsqueda. Este grupo era dirigido por uno de los asesores del procurador: el ex líder estudiantil Eduardo Valle, *El Búho*. Desde 1989, un reporte del FBI había elevado a la categoría de "cártel" a la organización comandada por García Ábrego. Ese año, nueve toneladas de cocaína fueron encontradas en un rancho de Texas. Se trataba del mayor decomiso en la historia de ese estado. La DEA pasó la información al gobierno mexicano y desde entonces comenzó a machacar con la entrega de datos relacionados con el cártel del Golfo: el nombre de sus principales miembros, la denominación social de las empresas donde se lavaba el dinero y la referencia de cuentas bancarias en el extranjero

—que desde la década de los ochenta no hacían sino crecer en forma exorbitante—. La PGR tardó cuatro años en ofrecer una recompensa de tres millones de pesos por la cabeza del capo.

En 1997, un narcotraficante colombiano, Juan Carlos Ramírez Abadía, reveló las causas por las que la PGR había tardado tanto en dar comienzo a la cacería: durante el gobierno de Carlos Salinas de Gortari, dijo, el subprocurador Javier Coello Trejo había recibido pagos de un millón y medio de dólares a cambio de proteger al cártel. El amigo que traicionó a García Ábrego, José Carlos Reséndez, confirmó a su vez que Coello Trejo recibía esos pagos, y añadió que el capo acostumbraba mandar a su gente a McAllen "a comprar hasta cien mil dólares en cosas para Coello".

Tanto Ramírez Abadía como Reséndez Bertoloussi afirmaron que el contacto entre el líder del cártel y Javier Coello Trejo era el director de Intercepción Aérea y Terrestre de la PGR, el comandante Guillermo González Calderoni (a quien *The New York Times* calificó como el *Eliot Ness mexicano* a raíz de la detención en 1989 de Miguel Ángel Félix Gallardo). García Ábrego y el comandante se conocían desde la infancia. Cada uno sabía a la perfección los pasos del otro. El narcotraficante diría después: "Memo era como mi hermano". El *Eliot Ness* replicó: "Sí. Yo era su amigo, pero no su socio".

Cuando Eduardo Valle fue designado por Carpizo como encargado del grupo de búsqueda, ubicó en la ciudad de México una de las casas que pertenecían al operador más sanguinario de la organización: José Pérez de la Rosa, a quien paradójicamente apodaban *El Amable*. En esa casa de seguridad, Valle encontró un cuaderno con notas manuscritas que revelaban pagos de un millón de dólares al director de la Policía Judicial Federal, Rodolfo León Aragón, y de seiscientos mil dólares al comandante Guillermo Salazar Ramos. Se trataba de los mismos policías que poco después serían señalados como protectores de Amado Carrillo, de *El Chapo* Guzmán, de los Arellano.

La libreta contenía también una anotación inquietante: datos sobre la visita "de un hermano del Presidente de la República a una fábrica de don Francisco, en Puebla". "Don Francisco" era Francisco Guerra Barrera, operador del cártel en varios estados de la República y brazo derecho de Juan García Ábrego. Eduardo Valle no pudo avanzar en la investigación: un año más tarde, luego de entregar a Carpizo el esquema de protección institucional que existía alrededor de García Ábrego, se fue del país, huyendo, según dijo, de la "narcopolítica". Más tarde confesó que sus pesquisas lo habían llevado a la casa presidencial, a la oficina del secretario de Comunicaciones y Transportes, Emilio Gamboa Patrón, y a un complicado cruce de informaciones que señalaban que García Ábrego podría estar involucrado en los asesinatos de Luis Donaldo Colosio y José Francisco Ruiz Massieu, ambos ocurridos en 1994.

Valle no pudo avanzar. Su información fue desestimada. Por ese tiempo, sin embargo, en diversos procesos contra narcotraficantes surgieron indicios que relacionaban a Raúl Salinas de Gortari, hermano del presidente de la República, con la venta de favores al grupo de García Ábrego. En testimonios rendidos ante el FBI, Óscar López Olivares, *El Profe*, habló de encuentros personales entre ambos personajes y en 1998 declaró al periódico *Reforma*: "No hay quien tenga el apoyo que ostentaba el hermano del presidente, que fue a lo máximo a que llegó Juan, como narco, a la cumbre del poder en la figura del hermano del presidente". De acuerdo con *El Profe*, esas relaciones, así como los supuestos tratos que mantenía con los gobernadores Otto Granados, de Aguascalientes, Manuel Bartlett, de Puebla, Manuel Cavazos Lerma, de Tamaulipas, y Jorge Carrillo, de Morelos, habían convertido a García Ábrego en el más grande narcotraficante "de punta a punta".

En 1997, durante el juicio de extradición que se le siguió en una corte de Texas al ex subprocurador Mario Ruiz Massieu, a quien se le habían descubierto cuentas bancarias con nueve millones de dólares que, según él, el gobierno de Salinas le había regalado ("El gobierno mexicano regala dinero a los funcionarios", dijo), un narcotraficante llamado Juan Antonio Ortiz, *El Fish*, declaró que había llevado a México "varios cargamentos de dinero, parte del cual fue entregado a Raúl Salinas". Tres años antes, en 1994, el comandante González Calderoni había huido del país, acusado, entre otras cosas, de enriquecimiento inexplicable, abuso de autoridad y tortura. Detenido al fin en Las Vegas, reveló el contenido de una conversación que sostuvo alguna vez con García Ábrego: según Calderoni, el capo le había comentado que Raúl Salinas había recibido dinero del cártel del Golfo para la campaña presidencial de su hermano. Reveló también que los Salinas solicitaron al capo que les ayudara con un homicidio: "Él me dijo que le pidieron que asesinara a [Francisco Xavier] Ovando y a [Román] Gil, dos colaboradores de Cuauhtémoc Cárdenas en el tiempo de la campaña de 1988, y que eso fue lo que hizo".

"Sigan pidiendo mi extradición y voy a hablar. Me estoy acordando de muchas cosas", declaró González Calderoni antes de que una bala en la cabeza le hiciera olvidar, para siempre, cada una de ellas.

Según un documento del FBI fechado en 1994, los contactos de García Ábrego con el gobierno de Carlos Salinas se extendieron al subprocurador Mario Ruiz Massieu a través de los directores de la Judicial Federal, Adrián Carrera Fuentes y Rodolfo León Aragón. Un agente del FBI, Stanley Pimentel, reveló que en 1993 había entregado a Ruiz Massieu y Carrera Fuentes un mapa con la ubicación exacta del sitio donde se encontraba oculto el narcotraficante. Según Pimentel, los funcionarios planearon detener al capo un día después, pero "por error" citaron en otro sitio a los agentes del FBI que atestiguarían la captura. Cuando se corrigió el "malentendido", García Ábrego se había esfumado.

En 1995, Ernesto Zedillo entró en un callejón sin salida. La inclusión de Juan García Ábrego en la lista de los diez delincuentes más buscados por el FBI significaba que el gobierno de Bill Clinton pedía su cabeza a cambio de la "certificación" que desde 1986 Estados Unidos entregaba a una treintena de países para evaluar su efectividad en la lucha contra las drogas. Las señales eran claras. La cortina de protección se había derrumbado. El cártel del Golfo, que surtía a los estados de Arizona, California, Texas, Illinois, Nuevo México, Nueva York y Nueva Jersey —y cuya área de operación abarcaba Oaxaca, Chiapas, Tabasco, Quintana Roo, Tlaxcala, Veracruz, Tamaulipas y Nuevo León—, quedó de pronto a la deriva. Había comenzado la huida que hizo del noreste del país un remolino de balas, una tempestad de pólvora de la que pronto se adueñarían los asesinos que tuvieran el mayor desprecio por la sangre.

GENTE ASÍ

García Ábrego había crecido a la sombra de su tío, Juan Nepomuceno Guerra, un antiguo contrabandista de licor que en tiempos de la "ley seca" comenzó a introducir en el país telas de seda, nailon, llantas y armas, y en unos años terminó por convertirse en amo absoluto del bajo mundo de la frontera. Desde una mesa del restaurante Piedras Negras, en Matamoros, Juan N. Guerra controlaba a su antojo la confusa relación entre gobierno y bandidaje: frente a él desfilaban policías, agentes aduanales, aspirantes a diputaciones y presidencias municipales. Pero en 1996, el *Padrino* de Matamoros había perdido el poder. Era una sombra del pasado que deambulaba en un mundo que no entendía.

El sucesor visible de García Ábrego, su hermano Humberto, se hallaba preso, carecía de liderazgo y además había decidido retirarse por completo del negocio. Durante unos meses se puso al frente del grupo Óscar Malherbe, a quien el Departamento de Estado del país vecino consideraba "un conocido y violento narcotraficante". Malherbe llevaba varios años ocupando un asiento destacado en la cúpula de la organización. No tuvo tiempo, sin embargo, de apoderarse de los hilos: apenas había restablecido el contacto con los socios colombianos, cuando la policía detectó su presencia en el Distrito Federal, adonde había viajado para visitar a un pariente enfermo. Lo detuvieron en un centro comercial de Mixcoac. Aunque tenía fama de tirador imbatible, no pudo echar mano de su arma y, por el contrario, resultó herido en una pierna. En la frontera se adoptó una decisión: "Había que romper con todo lo que oliera a García Ábrego".

El analista Eduardo Guerrero Gutiérrez ha documentado con cifras cómo la captura o la muerte de un jefe del narcotráfico no hace sino sumergir los territorios controlados por éste en una espiral de violencia incontrolable. En la recomposición que sufría el cártel del Golfo, la frontera de Tamaulipas se vio convertida en escenario de una pugna que sostenían pequeños jefes que carecían de reconocimiento e intentaban dominar a los grupos que se habían desperdigado tras la caída de Ábrego. Esa pugna involucraba a Salvador *El Chava* Gómez, a Adán Medrano, alias *El Licenciado,* y a Hugo Baldomero Medina, *El Señor de los Tráilers.* Todos ellos compartían rutas pero muchas veces se mordían la mano.

Nadie estuvo tan cerca de alcanzar la reestructuración del cártel como Salvador *El Chava* Gómez. Había sido en la juventud un muchacho que le lavaba el carro a *El Amable,* luego fungió como lugarteniente de Óscar Malherbe y era por tanto un sobreviviente del grupo de García Ábrego. Su rasgo distintivo consistía en desenfundar: tenía la compulsión de abrirse paso a tiros, no importaban las razones. Aunque era un hombre risueño, solía dejar en su camino un hilillo de sangre humeante. De manera natural, buscó rodearse de gente así.

En la frontera chica, no había mejor candidato que Osiel Cárdenas Guillén: un "gramero" que desde 1989 visitaba las cárceles con frecuencia y que al correr el tiempo fue habilitado como *madrina* de la Judicial Federal —debido a su cercanía con una red de federales corruptos adscritos a Tamaulipas—. En el municipio de Miguel Alemán, Osiel Cárdenas decomisaba cargamentos de cocaína que luego revendía o pasaba por su cuenta. Era el estandarte máximo de la violencia: en la actitud de arrepentimiento que suele caracterizar a los narcos mexicanos una vez caídos en desgracia, más tarde reconoció que a lo largo de su vida había adoptado "una actitud enferma". En esos años, Cárdenas trabajaba de la mano de un narcotraficante con fama de *narcosatánico* que operaba en los cinco municipios de la frontera chica de Tamaulipas, poseía un pequeño imperio en Guardados de Abajo, a setenta kilómetros de Reynosa, y solía pasar las tardes de domingo frente al trozo de cabrito en sangre que constituía su plato predilecto: Gilberto García Mena, *El June*. En pocos años, ambos colaboraron de modo inigualable en el hecho de que la prensa bautizara aquella región del país como "la frontera del miedo".

En Guardados de Abajo, el pueblo de García Mena, habían aparecido en pocos años casas variopintas, antenas parabólicas y albercas con pretensiones artísticas. La iglesia del pueblo estaba rejuvenecida y en la plaza había bancas de formas extravagantes. *El June* había pavimentado con concreto hidráulico el camino que conectaba su casa con la carretera Nuevo Laredo-Reynosa. En la región se hablaba de que en la casa principal del pueblo había un recinto del que todos sabían, pero que sólo unos pocos habían visitado: un altar a la Santa Muerte, a cuyos pies *El June* solía colocar frases devotas: "Muerte querida de mi corazón, no me desampares de tu protección", o bien, "Dinero, ven dinero". El narcotraficante operaba con tal impunidad que Guardados de Abajo se convirtió en el narcoalmacén más grande de la frontera.

Con estos colaboradores, y los pagos repartidos entre autoridades civiles y militares, *El Chava* Gómez pudo rearticular a medias las operaciones en el Golfo, antes de que los tres años de su efímero reinado terminaran, justamente, tres metros bajo tierra. El asesino risueño no había dimensionado la peligrosidad de Osiel Cárdenas Guillén.

Al brazo derecho de Salvador Gómez, cuenta el periodista Ricardo Ravelo, le molestaba sentirse "como un empleado de *El Chava*, y no como dueño de la mitad del territorio". Le fastidiaban las constantes solicitudes de dinero y las órdenes que, adormecido por la mariguana, o alterado por la cocaína, el nuevo líder giraba. Osiel era en realidad el verdadero operador del cártel. A mediados de 1999 tomó la decisión de ahorrarse para siempre esa molestia: citó a Gómez en el puerto El Mezquital, lo esperó en una camioneta, dejó que se subiera en el asiento del copiloto, lo saludó con una amplia sonrisa y esperó a que uno de sus gatilleros, Arturo Guzmán Decena, le metiera una bala en la cabeza. En una reunión de narcotraficantes celebrada poco después, Osiel Cárdenas anunció: "Quiero decirles que el cártel del Golfo ya chingó a su madre. Ahora es mi organización, es mi empresa".

EL CÍRCULO PROTECTOR

Arturo Guzmán Decena, el pistolero que había matado a traición a Salvador Gómez, era un militar de élite nacido en Puebla, que a mediados de los años noventa pasó a la Fiscalía Especializada en Atención de Delitos contra la Salud (FEADS), y que al ser destacado en el municipio de

Miguel Alemán terminó enganchándose con la organización de Cárdenas Guillén. Había formado parte del Grupo Aeromóvil de Fuerzas Especiales (GAFE), un núcleo militar creado en tiempos de la insurrección zapatista ocurrida en Chiapas en 1994. La incorporación de Guzmán Decena al narcotráfico representaba una pésima noticia para el Estado mexicano: detrás de él, también por la puerta trasera, abandonaría el ejército una comitiva formada por veinte francotiradores expertos en manejo de explosivos, intercepción de telecomunicaciones y despliegues por tierra, mar y aire. Osiel Cárdenas había decidido formar el muro de protección más poderoso del narcotráfico: un ejército de gatilleros que por primera vez no era reclutado en las calles, y que de acuerdo con la leyenda había recibido entrenamiento especial de un grupo de militares extranjeros. Mientras Osiel Cárdenas repartía los municipios de la frontera chica entre una nueva generación de narcotraficantes —entre otros, Eduardo Costilla, *El Cos*, Gregorio Saucedo, *El Caramuela*, Enrique Aguilar Rejón, *El Mamito*—, la nueva pesadilla del gobierno federal, los Zetas, quedaba a cargo de la seguridad de los jefes principales, así como de la extorsión, la venta de protección, la ejecución de enemigos, y la custodia y el traslado de drogas.

En el torbellino de sangre que el control de la frontera desataba, cada nuevo grupo era más violento, más sanguinario, más radical que el anterior. Tenía razón Óscar López Olivares, *El Profe:* Juan García Ábrego era un señorito de modales refinados si se le comparaba con los representantes principales del brazo armado de Osiel: Heriberto Lazcano, *El Lazca,* Jaime González Durán, *El Hummer,* o Rogelio González Pizaña, *El Kelín.* Había comenzado la época de los levantones masivos y el descubrimiento de ranchos donde se incineraba o se deshacía en ácido a los ejecutados. Había comenzado la era de horror indecible que llenó Tamaulipas de cadáveres mutilados. Los guardianes de Osiel clamaban por sangre en todos los puntos del estado. Una segunda estrategia selló el círculo protector: la compra sistemática de periodistas locales (quinientos dólares a la semana) para que el nombre de Cárdenas no fuera mencionado.

El delirio del narcotraficante llegó a su fin el 9 de noviembre de 2000, cuando detuvo e intentó matar a dos agentes estadounidenses, uno de la DEA, el otro del FBI, que con la ayuda de un reportero local tomaban fotos de su residencia en el fraccionamiento La Aurora, de Matamoros. Los funcionarios estadounidenses reconstruyeron la escena de este modo:

—¡Dale piso a esos cabrones! —le gritaba a Cárdenas Guillén uno de sus lugartenientes.

Osiel les apuntaba enloquecido:

—¿Quién chingados son?

—Somos agentes de la policía internacional, la DEA y el FBI. Chínganos a los tres si quieres pero te vas a meter en un pedo grande. Piénsalo bien, te estás metiendo en un pedo de la chingada.

Aquélla fue, tal vez, la primera ocasión en que Cárdenas Guillén se resistió a apretar un gatillo. Golpeó el parabrisas del auto en el que viajaban los agentes. Gritó:

—¡Váyanse de Matamoros, porque aquí yo soy la ley! ¡Les vamos a dar piso si los volvemos a ver en Matamoros!

El FBI y la DEA propinaron un manotazo en la mesa en cuanto los agentes que habían sido retenidos pasaron el reporte. La maquinaria judicial del priismo, que desde tiempos de García Ábrego no solía ponerse en marcha a menos que se lo exigieran autoridades estadounidenses, comenzó a resoplar. Entonces se descubrió que el gobierno de Ernesto Zedillo no había abierto nunca un expediente dedicado a Osiel Cárdenas Guillén.

En materia de narcotráfico, el último acto de Zedillo consistió en invadir Tamaulipas con escuadrones enteros de militares. Al mes siguiente, la llegada de Vicente Fox a la Presidencia de la República significó para el capo un alivio temporal: la fuga de *El Chapo* Guzmán de Puente Grande, y el escándalo subsiguiente, desviaron parcialmente las presiones.

En julio de 2001, sin embargo, *El June* fue aprehendido en Guardados de Abajo y la DEA envió señales de que su deuda con Osiel continuaba pendiente. Le había llegado a él también el momento del derrumbe: huyó de Tamaulipas y comenzó a bajar los peldaños que lo separaban para siempre del oscuro tiempo de su esplendor. El daño estaba hecho: los Zetas no tardarían en distanciarse de *Tony Tormenta,* su hermano y sucesor. Aunque carecían de la estructura internacional que podría convertirlos en grandes traficantes de drogas, poseían la preparación necesaria para controlar los territorios por donde pasaban los cargamentos. Su estrategia consistió en apoderarse de las plazas mediante el terror, administrar las actividades ilícitas que ocurrieran dentro de éstas y cobrar a otros narcotraficantes el derecho de paso. Siete años más tarde, los Zetas, también llamados La Última Letra, tenían bajo su poder el corredor del Golfo y podían garantizar a los distribuidores colombianos el trasiego de drogas. En ese lapso habían expandido sus operaciones a la mayor parte del país y manejaban secuestros, extorsiones, tráfico de personas. Se les consideraba el cártel mexicano más peligroso y violento. Eran las legiones que marchaban dejando tras de sí la misma huella: una marca de sangre.

NOTA

Esta crónica se escribió a partir de un relato fragmentario publicado en la prensa mexicana entre 1985 y 2010. Se basa en notas y reportajes aparecidos en *Proceso, Zeta, Milenio, El Universal, Reforma, El Norte* y *La Jornada,* entre otros periódicos y revistas. Incluye segmentos de declaraciones ministeriales consultadas por el autor y aspira a ordenar, a la manera de un mapa temporal, las historias que han poblado durante el último cuarto de siglo la historia del crimen organizado en México.

El primer *thriller* novohispano de la literatura mexicana

El secreto de la Noche Triste

Héctor de Mauleón

JOAQUÍN MORTIZ